2005 年，《道尔顿教育计划》译者以及计划倡导者陈金芳女士到岔河中学指导工作

2008 年，张斌利校长向教育专家文喆先生（右一）请教课改的问题

2010 年，国家教育部原副总督学郭福昌先生（左二）对岔河中学校园文化给予指导

2013 年，张斌利校长在岔河中学聆听教育专家王文湛（左一）的教诲

2014年，张斌利校长与其恩师陶继新先生（中间）、作家张丽筠女士（左二）、全国著名校长高万祥（右二）以及范先稳先生（右一）在聊书会现场

2021年，在考场外，张斌利校长与学生击掌，利用"触碰效应"鼓励他们

2022 年，张斌利校长与学生在课下谈心

2022 年，张斌利校长在课堂上分享文字里蕴含着的成长型思维

以认知科学理论和教育实践，重新定义成长

让孩子一生快乐奔跑

——成长型思维校园实践

忠恕　著

漓江出版社

·桂林·

图书在版编目（CIP）数据

让孩子一生快乐奔跑：成长型思维校园实践 / 忠恕
著 . -- 桂林：漓江出版社，2023.1
ISBN 978-7-5407-8636-6

Ⅰ . ①让… Ⅱ . ①忠… Ⅲ . ①中学教育—经验—雄安
新区 Ⅳ . ① G630

中国版本图书馆 CIP 数据核字（2022）第 255301 号

让孩子一生快乐奔跑
——成长型思维校园实践

作　　者　忠恕

出 版 人　刘迪才
出版统筹　文龙玉
策划编辑　周冬辉
责任编辑　宗珊珊
助理编辑　周冬辉
营销编辑　李　蕊
封面设计　曾　意
责任监印　黄菲菲

出版发行　漓江出版社有限公司
社　　址　广西桂林市南环路 22 号
邮　　编　541002
发行电话　010-65699511　0773-2583322
传　　真　010-85891290　0773-2582200
邮购热线　0773-2582200
网　　址　www.lijiangbooks.com
微信公众号　lijiangpress

印　　制　天津嘉恒印务有限公司
开　　本　710 mm×960 mm　1/16
印　　张　17.5
字　　数　250 千字
版　　次　2023 年 1 月第 1 版
印　　次　2023 年 1 月第 1 次印刷
书　　号　ISBN 978-7-5407-8636-6
定　　价　68.00 元

致辞

谨以此书献给我亲爱的母亲！
献给卡罗尔·德韦克教授！
献给与我并肩奋斗的同事们！

我愿将他们给予我的，传递给广大读者，
愿孩子们拥有成长型思维模式，
在成长之路上快乐奔跑！

目　录

推荐序：以成长赋能成长

受张斌利校长之约，为他的新作《让孩子一生快乐奔跑——成长型思维校园实践》撰写序言，我既感到荣幸之至，又感到有些力不胜任。因为张斌利校长多年来研究成长型思维，既是理论型专家，又是践行者；而我，对于成长型思维，只是略有了解而已。当然，也并非无言可说，虽然多系一些感想之类的浅近之言，也还是言出由衷，希望能给读者一些启发。

第一次接触成长型思维，是 2021 年 4 月 24 日，在张斌利就任校长的河北雄安博奥高级中学参加"成长型思维——赋予学生快乐奔跑的能力"会议，聆听了他及 12 位教师的精彩演讲，并承蒙抬举，为他们做了即兴点评。

那时，这些教师阅读成长型思维的书和听张校长的讲座等，也只有半年多的时间。可是，听着他们侃侃而谈，且不时有振聋发聩之感。尤其是洋溢着自信自豪的精神气象，让我感到那是一批"士不可以不弘毅"的有为青年，在当下为学生播撒下灿烂阳光的同时，他们自己也有走向美好未来的可能。

回到济南之后，我便应燕山小学高红燕校长之约前去采访，情不自禁地谈到张斌利校长及其校内老师们讲演成长型思维的盛况。高红燕校长当场决定，邀请其中一位青年教师为全校教师做一场演讲。于是，就有了 5 月 11 日下午在燕山小学的孟庆薇老师之讲。她很年轻，并非专家，亦无名师的头衔，可因为有了研究成长型思维的底气，以及激荡在其心中的豪气，极大地震撼了燕山小学的老师们。

2022 年 7 月 27 日，在《新校园》编辑部主办的"首届全国名家名师大讲堂"上，我又听了张校长所做的《成长型思维赋予学生一生快乐奔跑的能力》的演讲。距离上次听他演讲，虽然只有一年多的时间，却有种"士别三日，当刮目相看"的感觉。他从容自然的言说，不但折射出理性的光芒，而且还看到了他们学校在成长型思维实践方面结出的更加丰硕的果实。

今天再读这本书的时候，又让我"横看成岭侧成峰"地领略到了成长型思维的万千风景。

非常欣赏"让孩子一生快乐奔跑"这个书名，因为一个人的生命长度，并不能决定其生命的厚度。正像赛跑一样，同样的距离，不同的赛跑者，所跑的时间并不一样。人生亦然，如果一生缓慢而行，甚至在原地徘徊，根本不可能抵达辉煌的殿堂；相反，如果一生奔跑，不但可以跑出更长的路程，还可以创造出更多富有价值的成果。

这里特别需要强调的是"一生"奔跑，而非一时奔跑或一段时间奔跑。曾流行这样一句话："不要让孩子输在起跑线上。"可是，他们却没有想到，起跑领先了，可后来速度慢了，甚至不跑了，能有一个美好的未来吗？所以，我有一句常说的话"不要输在中跑线上"，这里的"中"，时间跨度非常大，它有可能在起跑的时候落后了，可在此后整个生命时空里，却一直在奔跑着。所以，真正成功者，并不一定是赢在起跑线上的人。我出身农民，第一学历是专科，不只是在起跑线上，甚至在起跑之后的不小一段时间里，在一般人看来我已经"输"了。可是，自从 1978 年进入济宁师专读书到现在 44 年的时间里，我一直在奔跑着。迄今为止，我发表了 1000多万字的文章，著有 65 部作品。这不是自己多么聪明，相反，我有点儿笨，可是，我"奔跑"了 44 年啊！当然，我如果从小就已起跑，奔跑至今，当然会有更大的成就。如果比我起跑早的人一直在奔跑的话，他们所取得的成就肯定远在我之上。所以，最好一生奔跑，而且张斌利校长在研究中发现，成长型思维品质的培养，最好从小学甚至更小的年龄开始，因为具备了这种品质的人，就可以真正实现一生奔跑的愿望，也会取得巨大的成就。

张斌利校长在"奔跑"之前，还加了一个修饰语"快乐"，这是极有见地的。如果奔跑的时候一直处于痛苦之中，身心就会受到伤害，寿命也会因此缩短。即使学习时间长，效率多低下，效果也不会好。所以，张斌利校长对学生负担之重问题谈了自己的看法，认为在很多时候，并非学生学习时间长与获取知识多就负担重，如果爱学了，不但不会形成负担，反而会乐此不疲，大有收获。他由此谈到孔子的"发愤忘食，乐以忘忧，不知老之将至"。是啊，孔子终生好学，可是却快乐无比，并由此构建了他那闪耀着精神光芒的乐感文化。所以，有了"快乐"，不仅会大大提升奔跑的速度，也会让奔跑时的心里洋溢着幸福和欢快。又何苦之有？更谈不上负担了。

但是，快乐说起来容易，做到却绝不简单。休说孩子，就是大人，尤其是关乎本人的荣辱得失的时候，也未必就能快乐起来。所以，要真正做到一生快乐奔跑，还需要精神的升华、生命的修炼。

如何升华与修炼，张斌利校长给出了答案。

张斌利校长荣获《中国教育报》2015年度推动读书十大人物，绝对是实至名归。他一生的成长史，都与读书有着不解之缘。

张斌利校长认为，读书是培养成长型思维非常有效的途径，因为真正经典名著中的典型人物，包括小学语文课本中的一些千古不朽的人物，他们经历了无数的磨难，却百折不挠，最后终于走向辉煌的成功殿堂。看来，真正意义上的成功，并不是"得来全不费功夫"的，没有奋斗，不可能取得成功。如果有了这种思维，就有可能奋斗一生，从一个成功的殿堂再跃升到另一个更高的成功殿堂。张斌利校长说，这就是成长型思维所结之果。

也许有人说，读书多矣，可并没有像张斌利校长那样让生命焕发如此的奇光异彩。这不得不说张斌利校长并非一般的读书人，而是一个很有智慧的读书人。因为读书有一个走向，取法于上，仅得其中；取法于中，故为其下。如果读世界大师的作品，很难达到其水平，却可能达到中等水平；如果阅读中等水平作品，则只能在下层转圈复转圈。而一般人所读之书，尽管有些趣味，但其思想与文化品位大多在中下层次，所以，读得再多，也只能像跟着庸师读了很多年的书，鲜有长进。张斌利校长大多读的是古今中外大师的著作，也就是说，他几乎天天跟着世界大师上课，所以才有了大大超越一般人的生命飞跃。

可有的人也读了高层次的书，却只停留在读的层面，没有走向实践的大地，所以，尽管对自己的心性与境界有所提升，可惠及的人却寥寥无几。而张斌利校长既是一个读书人，又是一个实践家，他对王阳明所说的"知者行之始，行者知之成"了然于心，又付诸行动。其实，孔子之所以伟大，是因为他是一个实践哲学家。空头理论不管说得如何天花乱坠，只要不落地，也只能像天上的浮云一样，一阵风吹过，便会不知去向。理论只有落地而又生根之后，才能发芽、开花，并结出丰硕之果。张斌利校长就是这样一个人，现在如此，以前亦然。早在唐山市丰润区岔河镇中学担任校长的时候，他就系统地学习了《论语》，并把孔子的教育思想用于教育教学实践中，让这个名不见经传的乡村初中，走进了全国名校的行列。为此，他还写了一本著作《半部〈论语〉铸名校》，2017 年 1 月由福建教育出版社出版，我有幸应邀为之撰写了序言。可以这样说，让一所乡村初中腾飞的关键性元素，就是张校长将孔子的教育思想付诸教育教学实践之中的。在即将出版的《让孩子一生快乐奔跑——成长型思维校园实践》一书中，他依然将《论语》中的成长型思维元素提取出来，让人感到孔子原来就是一个具有成长型思维的人，只不过当时还没有成长型思维这个词语罢了。同时，他又阅读了卡罗尔·德韦克的《终身成长》等当今世界上一流的成长型思维方面的大量经典之作，并且内化于心，讲述于人，让人听来怦然心动，且引领他们付诸行动，并在实践的园地里开出了绚丽之花。这让我不由得想起了孔子之言："己欲立而立人，己欲达而达人。"张斌利校长是一个不断学习与发展者，而且希望并引领人们向前发展，从而让老师们绽放出不一样的精彩，而学生甚至家长们，则成了直接的受益者。

这本书中不仅讲到了成长型思维的关键性的理念，还在实践的叙说中，自然而然地将其嵌入其中，让人在不知不觉中，了悟成长型思维的内涵。张斌利校长没有像一些专家那样，将其理论说得高深莫测，遥不可及，而是就在当下，就在自己身边，就在自己身上践行着。这当是对于理论阐释的高层之说，尤其对于一线教师和家长来说，虽不能说轻而易举地步入其中，至少可以较快地明白了其中的要义，并可以循着张斌利校长所导引的路线，走向成长型思维之路。

张斌利校长的智慧还在于，他不只是将成长型思维作为一种教育理论，还将其升华成一种学校文化。很多成长型思维的经典语句，就张贴在校园随处可见的墙壁上，让师生在不知不觉中"学而时习之"，内化于心，外化于行。一层楼墙壁上张贴的是从《论语》中精选出来的具有成长型思维特质的 30 章语句；二层则是成长型思维代表人物卡罗尔·德韦克的理论要义；三层是东西方文化融合的经典之言。由此，自然而然地构建起一个成长型思维的文化圈，师生沐浴其中，自然而然受到熏陶与影响。

不只有这种外显的文化，更有内蕴于对话之中与各种活动中的隐性文化。比如本书就收录了大量张斌利校长与学生以及家长的对话，让人感到孩子们在成长型思维的熏陶下，有了长足的发展。

我很惊叹于张斌利校长用那么多的时间、篇幅与文字对话，这不知要消耗去他多少精力，可是，他"不厌其烦"又乐此不疲。这需要的不只是耐心，更有责任感与使命感。因为教师与学生的发展，是其心灵所系，甚至可以说是他的命根。

当然，还不止于对话，他的智慧是多元的。比如在每次期中、期末考试后分年级开展"失败周"活动，讲"名人失败的故事"、开"美丽的错误"班会、观看"从失败中崛起"的电影、分享"没有失败，只有反馈"的感悟等。还有大型考试后的"失败周"活动中，黑板上常见的标语是"美丽的失败""找足找齐成长点"等，折射出孩子们真正理解了"失败是成功之母"的意义。因为有的人失败了，一蹶不振，非但不可能成功，反而更加失败。只有不管遭遇多大的失败，也绝不放弃者，才有可能转败为胜。说其可能，即非必然也。不能是盲目地绝不放弃，而是分析失败的原因，寻找到转败为胜的路径。

人非圣贤，孰能无过？是过而不改，还是自我修正，则会产生两个走向。为此，张校长设计了"学生错误自主修正表"，由学生自己填写，最后由班主任、年级主任签字。这样，错误会越来越少，失败也会越来越少，还会由此升华成一种品质。学生有了面对错误和改正错误的勇气，必然会受到人们的赞赏。恰如孔子的高足子贡所言："更也，人皆仰之。"有了这种知错主动改的品质，心理的健康也就不求自得了。

为此，张斌利校长为师生们注入一种成长型思维的精神元素，并用"尚未"这个词语予以表达，堪称精彩绝妙。即使当下失败了，在本质意义上并不是失败，而是在走向成功之路上的一次跌倒，爬起来，继续奔向前方，因为成功的女神就在前方招手，现在一时的失败，只是"尚未"到达的状态而已。任何学生都可以成为优秀者，当下一时的失败，只是处于"尚未"状态中，有了这种认识，即使失败，也会认为这只是走向成功过程中的一个小小失误而已。

人的一生，肯定会有成功与失败、顺境与逆境、得与失，而有了成长型思维之后，就会在成败、顺逆和得失之时，保持一种平和乃至愉悦的心境。以前，一些学校尤其是高中学校每次考试之后，都会有一些学生因考试失利而失声痛哭甚至悲痛不已，现在具备成长型思维品质之后，即使考得很不理想，他们也依然笑着，因为他们已经有了一个坚定的信念，这只是一次失败，此时成功已经向自己招手，失败乃成功之母也。所以，在遇到困难与挫折的时候，"尚未"这个词语也会立即浮现在脑海里，旋即产生一种能量。在他们看来，困难与挫折，只是自己走向成功与未来的一种考验，甚至是生命的一种特殊恩赐，于是，不但不会沮丧，更不会裹足不前，而是精神抖擞地走向未来，去迎接新的挑战，去领略成功的喜悦之美。

由此，学生不但具有这种屏蔽负面情绪的能力，而且具有了自控力，于是，学习的效率大大提升，快乐的指数也大大提升。

这种成长型思维一旦定格在学生的心里，就会生成一种永久性的能量，不只是作用于当下，而且还向未来延伸，乃至终生受用。所以，不管在什么境况下，都是信心满满。不但自己洋溢出一种乐观而幸福的生命样态，还会在无形中向周围的人辐射，从而传递出一种积极的能量，甚至生成一种幸福的文化。

高中学校希望学生考出好的成绩，当在情理之中。可是，有的学校管理者使出了十八般武艺，却未必能取得理想的成绩。可张斌利校长并没有特别强调考试成绩的重要性，学生的成绩却呈现出持续上升的趋势，不但在 2022 年的高考中取得了出乎人们想象的好成绩，就是在此后的招生时，不少原来对这所学校望而却步的学优生，也闻其名而纷纷前来报考，录取分数比往年大幅度提升。这是一种良性循环，虽未求之，却自然而来。这正像张斌利校长说的那样，取得好的考试成绩，虽是成长型思维的一个必然结果，但它只是一个副产品。因为它赋予了孩子们一种终生优质的心理品质，而且还不时地向其未来的生命延伸，从而让他们拥有一个美好的未来。

陶继新

中国孔子基金会传统文化教育分会副会长

2022 年 10 月 19 日于济南

张斌利校长与其恩师陶继新先生

自序：与成长型思维结缘

2017 年的一天，我接到朋友一条短信，内容是向我推荐《终身成长》这本书。读这本书的过程可以用"心潮澎湃"这个词来形容，每读到妙处，我都忍不住拍案叫绝，并庆幸通过此书与作者相遇、相知、相契。我心中大喜：书中所提倡的理念不正是破解当今教育"没有分数过不了今天，只有分数过不了明天"这一魔咒的金钥匙吗？

不可否认，当今教育不能完全拒绝分数。考上一所理想大学，是每个学生的目标，但是在追求这个目标的过程中却呈现出两种截然不同的心态：一是因被理想大学"绑架"而学习，一是因喜欢学习而学习。因此，在追求目标的过程中，一个因困难挫折充满焦虑与痛苦，一个因挑战充满激情；一个面对失败而沮丧甚至按下停止键，一个面对失败越挫越勇，勇往直前。而这正是因为思维模式的不同：一个是成长型思维，一个是固定型思维。

"成长型思维与固定型思维"的提出者卡罗尔·德韦克有这样一句话："顶峰是很多固定型思维模式者渴望达到的地方，却是很多成长型思维模式者的工作激情带来的副产品。"由此推断，如果学生具备成长型思维模式，他们在学习活动中不为分数而学，却也能赢得分数。同样，具备成长型思维模式的教师也会取得"不为分数教，赢得分数高"的教学效果。

是的，当今教育不能完全拒绝分数，但是分数是怎样取得的，这非常重要！怎样破解教育魔咒，《终身成长》里面有答案——培养师生成长型思维模式！

于是，我在当当网、淘宝网、京东网购尽有关成长型思维模式培养的专著，也仔细研读其专著以外其他书籍中有关"成长型思维"的话题，比如凯利·麦格尼格尔的《自控力：和压力做朋友》、马修·萨伊德《黑匣子思维：我们如何更理性地犯错》、丹尼尔·平克的《驱动力》、陈海贤的《了不起的我：自我发展的心理学》等这些颇具影响的书籍。在阅读众多相关书籍的同时，我深深地感到成长型思维模式培养是多么重要且迫在眉睫！在那个阶段，我似乎找到了自己的人生使命——培养学生成长型思维模式。

于是，在 2020 年的年初我辞去校长职务，准备专事成长型思维模式培养的培训与传播工作。辞去校长职务不久，疫情突起，于是闭关在家思考自 1999 年做校长以来，自己在教育教学中那些成功的点点滴滴，那不正是在培养学生成长型思维模式吗？于是在"无官一身轻"的那段时间，我坐在书桌前敲击键盘写了此书初稿。

在敲击写作书稿的过程中，有一个烦恼涌上我的心头。自 2017 年接触成长型思维开始至 2020 年大约三年的时间里，关于成长型思维模式培养的报告我赴全国各个地区做了大约四五十场，也有数位校长朋友当时积极响应，并表示大家一起做。可是，不用问，效果实在是不理想。因为在平日的言谈话语中能听得出来——不管研究还是实操都没有深入进去。

我一定要为这么好的教育理念找一个学校落地。于是在初稿完成后，我又思考——应该找一个学校再做校长。

机缘巧合的是，河北雄安博奥高级中学在 2020 年 8 月向我伸出了橄榄枝。来到这里，我与同事们重新定格了教育的使命——培养成长型思维模式，赋予学生一生快乐奔跑的能力。

来这里两年了，其间我和同事们在这所校园里深耕成长型思维模式的培养——

从师生培训入手。让师生在概念上厘清成长型思维模式与固定型思维模式的不同，并与师生共同分析在学习生活中两种思维模式对师生的影响。

让学生具备成长型思维模式的前提是教师首先要对成长型思维有深刻的认知。因为成长型思维模式培养不是说教，而是重在引领、渗透、影响。通过学习与培训，引领教师确立成长型思维的教育理念，如举办教师"成长型思维模式培养读书分享会"，向教师推荐一些必读书，如卡罗尔·德韦克的《终身成长》、麦克·格尔森的《如何在课堂中培养成长型思维》、安妮·布洛克和希瑟·亨得利的《成长型思维训练》、玛丽·凯·里琪的《可见的学习与思维教学：让教学对学生可见，让学习对教师可见》等，供教师自由选择，选择同一本书的可组建读书小组，每周在全体教师会上选一名教师分享读书心得。

同时也向学生推介一些选读的培养成长型思维模式的书，如乔希·维茨金的《学习之道》、R.J. 帕拉西奥的《奇迹男孩》、海明威的《老人与海》等。

推荐学生必读的书是《西游记》与《哈佛前1%的秘密》。前者大部分同学都已读过，但是让他们重点领会九九八十一难，每一次化解都不是一帆风顺，而是挫折重重。每一难的故事情节都是跌宕起伏、一波三折。读这样的作品，一定受到那百折不挠成长型思维模式的影响。后者极具成长型思维元素，学生读后能懂得一个道理：凡是成功的人都是屏蔽不必要负面信息的高手——这恰恰是成长型思维模式者拥有的一个重要特征。

为使学生能够从容地面对学习生活中遭遇的各种失败挫折，学校在每次期中、期末考试后分年级开展"失败周"活动，如讲"名人失败的故事"、开"美丽的错误"班会、观看"从失败中崛起"的电影、分享"没有失败，只有反馈"的感悟等。这样能够快速消除考试失利的学生心中的芥蒂，最重要的是给每个学生播下一粒成长型思维的种子。

在日常学习生活中学生难免犯错，针对不严重的错误，可以给犯错学生自我矫正的机会，让他们自己制订修正错误的方案和修正目标，并监督自己的进展。学校下发了"学生错误自主修正表"，由学生自己填写，最后由班主任、年级主任签字。这里需强调，自主是实现成长型思维模式培养目标的有力保障，不仅仅是在学生犯错时给他们自主改正的机会，在学习、生活上给学生自主管理的机会也尤为重要。学校还设计了学生"自主学习体验周"活动，这种能力与意识培养对疫情期间学生居家学习非常有利。

营造成长型思维的教育氛围。将成长型思维的教育理念融入校园文化建设。硬件上，精心设计以成长型思维为主题的校园文化，比如在楼道和教室里张贴"进步榜"和体现成长型思维的名人名言，让学生时时处处都浸润在成长型思维文化当中。

"软文化"建设上，提倡教师用积极的语言与学生对话，建立积极的师生关系，少用负面表达，更不要给学生贴标签，要给予学生足够的信任和成长空间。还可以组织开展成长型思维歌曲大赛、成长型思维诗歌朗诵会、成长型思维趣味运动会等，让成长型思维的因子深入学生的内心。

仅仅两年的时间，博奥高级中学的师生面对同样的学习压力，他们更喜欢迎接困难与挑战，更渴望学习、超越、成长，这正是成长型思维模式的魅力所在。

张斌利

河北雄安博奥高级中学校长

2022 年 9 月 10 日

一　人生真相：
思维模式决定最终成败

即使生活屡受打击，拥有成长型思维的人，也总是会笑对坎坷，迎接一个又一个人生的挑战，把挑战看成机遇。虽然有时也会流泪，但是他们可以含泪向前奔跑。

拥有成长型思维模式的人有强大的复原力与抗挫力！

不同的思维模式，不同的人生

为什么刘邦能 KO（击败）项羽？是人品，是德行，还是能力？如果懂得这段历史，我们都会摇头。据史料上记载无论是人品、德行还是能力，刘邦都不及项羽，可这又是为什么？

很多人在无可奈何的情况下就说：这是天意！这样的解释苍白无力。

美国监狱里有个叫库丁的重刑犯，他游手好闲、嗜酒如命且毒瘾极大，因杀人被判终身监禁。他有两个儿子，大儿子跟父亲一样从小不务正业，后来也因杀人而入狱；小儿子却诚实好学，后来在一家大企业谋到了满意的职位，如今已做了那家公司的总经理。在相同的成长环境里，为何两个儿子有着完全不同的命运？

一位记者去采访，没料到兄弟二人的答案竟然都是："有这样的老子，我还能有什么办法？"基因类似，环境相同，命运迥然不同，这又如何解释？

用当今的科学解释就是——思维模式不同！一个是固定型思维，一个是成长型思维。

项羽就是一个典型的拥有固定型思维的人。在当时项羽率兵西进，屠戮咸阳城，杀了秦降将王子婴，烧了秦朝的宫室，大火三个月都不熄灭；劫掠了秦朝的财宝、妇女，往东走了。有人劝项王说："关中这块地方，有山河为屏障，四方都有要塞，土地肥沃，可以建都成就霸业。"但项王说："富贵不归故乡，如衣绣夜行，谁知之者！"

固定型思维的人重在表现自己。这恰恰是项羽致命的弱点，也是他走向灭亡的必然。

拥有成长型思维的人，重在建设，坚定地相信命运可以改变。因此刘邦从市井无赖变成皇帝，库丁的小儿子从破败的家庭走出成为白领。

心理学家德韦克发现凡是固定思维模式的学生，每当考试下来，这些学生最关注的是那些比他们分数低的学生，以此来求修复自己的自尊。

"不是我学习不好，是学校不好。"

"不是我学习不好，是因为同桌总干扰我。"

"不是我学习不好，是老师水平太低。"

"不是我学习不好，而是身体不好！"

"我的脑子笨！"

"我遗传基因不好！"

"不是我不行，而是出题太偏，我们没有学过！"

……

当孩子类似语言很多的时候，你就应该考虑这孩子思维模式出了问题——固定型思维。这样的结果导致孩子的学习成绩必定一团糟！

可喜的是孩子即使是固定型思维，这也并不可怕，思维模式通过学习可以改变！

很可惜，有的人在学业上或事业上小有成绩，但是思维模式是固定型的，注定不会走远。

北大弑母案：固定型思维模式贻害孩子一生

北大学子吴谢宇弑母案至今还没有公布真实的原因，但是有一点能肯定，这个北大学子的思维模式当属于固定型思维模式。以什么来判断？他的成长环境！

吴谢宇的母亲是一个老师，对考试成绩十分看重。她全身心投入到孩子身上，就是为了让他考试拿高分。

吴谢宇的母亲认为："一个老师如果连自己的孩子都管不好，分数不高，会被人笑话的，非常没有面子。"根据这一认识分析可知，吴谢宇的母亲是一个具有典型的固定型思维模式的人。

据说，吴谢宇的母亲也要求孩子的父亲在家里不能看电视，怕影响儿子学习。

久而久之，父亲有点受不了，这样的生活未免有点太单调，于是为了保证孩子的成绩，父亲搬到了单位居住，每周回家一次。

于是，吴谢宇就是在这样一个过分看重成绩的环境中长大。

德韦克说："人们说的每一句话、做的每一个行动都会传递出一条信息。这条信息告诉孩子们或者学生们、运动员们如何看待自己。这条信息可能是固定型思维模式的：你的能力永远不会变，而我正在对你的能力进行评判。它也可能是成长型思维模式的：你是一个不断成长的人，我对你的成长很感兴趣。"

吴谢宇所受的教育，必将导致他的学习目标是表现自己，而以表现自己为学习目标的学生其思维模式就是固定型思维模式。固定型思维的人特别关注别人对自己的评价，评价给他带来一种不安全感。这种不安全感的严重后果是：防御心态和过度的自我关注。而他们防御的方式，就是努力向别人证明自己。这种学习目标就决定了他学习过程中已没有什么乐趣而言。

其实每个人生下来对学习新事物都有强烈的兴趣，正因为有这样的天性，人才会跌倒无数次，再爬起来学会走路；人才会不怕犯错误牙牙学语。德韦克说："是什么让这种生机勃勃的学习热情走到尽头？是固定型思维模式。一旦孩子有能力评估自己，他们当中的一些人就开始变得对挑战有畏惧，开始担心自己不够聪明。"我们能判断出吴谢宇的学习热情其实早已消失，但是在环境逼迫下不得不努力向别人证明自己，越努力越压抑。试想，这种长期处于压抑状态下生存的人，人格怎能完善。

学习尖子生杀人案件百度搜索信息 402000 条，尖子生自杀事件更是很多很多。最可悲的事件是一名全校排名第二的学生，无缘无故杀死全校第一的学生，杀人的原因"就是想当第一名"。这些血淋淋的事件似乎在证明一个事实：越优秀，越脆弱！

由吴谢宇们的悲剧我们思考一下目前的教育。

中国教育科学研究院的调查结果："我们调查了恢复高考以来的 3300 名高考状元，没有一位成为行业领袖。"（见《上海教育》2011 年 12A 期）

国内相关机构对中国从 1977 年到 2006 年 30 年间 1000 多位高考状元进行了跟踪调查，调查结果显示，这么多曾经让人惊羡的高考状元，却没有一位成为顶尖人才。他们如今都过着平凡的日子，职业成就远低于社会预期。为什么会这样？

大人相见相互问孩子情况，几乎都是在问：你家孩子在班上第几名？你家孩子在学校排名多少？这已经成为口头禅。即使有为数不多的学校不公开学生的排名，神通广大的家长也能打听到孩子的分数所处的位置。其实大部分老师心中的那杆秤，也是以分数多少来评估学生的未来。"分分分，学生的命根"似乎已成为整个社会的命根！这样总是与他人相比，一定会形成固定型思维模式。

德韦克研究成果表明：凡是在各个领域中达到专精境界的人，他们的思维模式都是成长型思维。那些固定型思维的人试图看起来技艺精通，但是他们不想为达到专精而努力。这就很好地解释了为什么当年的状元现在很少有"出息"。

所幸的是成长型思维模式可以培养，但愿当年的状元们学习德韦克成长型思维来改变一下自己。

应该肯定，没有哪位老师、家长每天都在想怎样把孩子教育成为一个有如下人格缺陷的人：不爱挑战——抗拒风险；或者世上无难事，只要肯放弃；或是为了维护自尊而进行撒谎欺骗；死要面子；等等。但是教育现实却是在尽最大努力培养固定型思维模式的学生。

在此特别提示，培养成长型思维最重要的是关注学生成长而非成绩，成绩只是成长的副产品。

廖智：与灾难共舞的女人

"廖智是咱的榜样！"夜晚朋友感慨着并发过来一段视频，注明："汶川地震幸存者廖智的经历就是特别值得关注和分析的成长型思维案例。"

廖智以一个舞者的身份出场，她翩跹起舞、婀娜多姿。当这段精彩的舞蹈结束后，主持人说明廖智安装的是义肢。话音一落，惊奇与敬佩体现在观众的脸上！这是山东卫视《天下女人》栏目组采访主人公前的一段场景。

镜头切换到廖智阳光美丽的脸庞上。面对这张带有灿烂笑容的脸庞，我不禁感叹："谁能将那一次次的苦难与这张幸福的笑脸联系到一起？"廖智，一个靠舞蹈生活的小女子，失去了双腿，失去了爱女，失去了人间最珍贵的情感——爱情！她所承受的不是双重打击，而是三重打击啊！

面对重重打击，廖智——一个用微笑与行动证明生命无限可能性的女神，不断改写着自己的命运。此时，端详廖智那张始终绽放笑容的脸庞，你会发现那是由内而外的美！

可见，廖智是一个典型的成长型思维模式的拥有者。固定型思维模式拥有者有一种鸵鸟的心态，总是被动地否认问题、逃避问题。成长型思维模式拥有者则不同。"出了问题，想的是我如何做得更好！"

对于婚姻的挽救，廖智没有逃避而是直面，她在失去双腿、失去女儿的双重打击下，努力维护自己的婚姻。虽然最终放弃这段婚姻，但是她不后悔，她努力了！

"灾难成了廖智最好的'老师'，让她深刻地思考，更清楚地认识到什么情感最重要，什么人更适合她。"

对于一个舞者，失去双腿犹如失去生命，但她不是凄苦地抱怨老天对她的不公。面对廖智的惨状，朋友扑倒在她的面前痛哭，而此时的廖智却反过来安慰朋友。廖智心里也难过，这种苦难她不回避，她直面自己的不幸，想得更多的是：为什么灾难偏偏选择我？我为什么要经历这些？这不是偶然，一定是上天给我一个更大的使命。是什么使命？廖智虽然那个时候还不知道，可是她却能带着强烈的好奇心等待。

廖智相信：没有悲剧的人生就是不完整的人生。多么大气的小女子啊！

固定型思维模式拥有者典型的特点：怨天尤人，自己的不幸都是外因所造成的——身份是受害者！廖智从悲剧中寻找出力量，她微笑着、含着眼泪叙述着过去，仿佛在诉说着别人的故事。她抽离本身的苦难，以欣赏者的身份接受这不平凡的苦难人生，在其中寻找自己的人生价值。

听天由命，面对困难与挫折听之任之——固定型思维模式。廖智心中也有害怕，但是她有清晰的认知："害怕没有用，也没有意义，此时是想怎么办的时候，人生的重点就是放在怎么办上。"

廖智站起来了！并且安装上义肢后身体增高 2 厘米。试想，这仅仅是廖智身体站起来了吗？仅仅是身体增高了吗？仅仅是又可以翩跹起舞了吗？那是灵魂站起来了！灵魂在长高！灵魂在起舞！

雅安地震时，廖智作为一个志愿者前去支援，她的经历本身就是对其他受难人最好的疗愈。

如今快乐的廖智一定找到了最大的使命是什么，正如发给我这段视频的朋友所言："廖智是咱中国人自己的榜样！"

廖智——一个拥有成长型思维模式的人，她是一个天然的疗愈者！她用微笑演绎了苦难也是一种"命运特定的安排，一种礼物，一种馈赠"的人生哲理。

有时间，看看这段视频吧！它在让你流泪的同时也会给你深刻的启发：拥有成长型思维的人就会拥有超强的抗挫力以及复原力！

成长型思维赋予孩子一生快乐奔跑的能力

人生不是百米赛，很多家长总是担忧孩子输在起跑线上，于是不惜一切代价为孩子投入大量的人力、物力、财力，结果有很多事与愿违。

虽然也有些孩子在学业上获得成功，但是无数的事实证明，固定型思维模式的人在漫漫的人生路上却是一个失败者。

残酷的现实告诉我们：起跑最快的，不见得是第一个到达终点的人。为什么？人生是一场马拉松，不是百米赛。如何在人生马拉松这条长长的赛道上获得超强的驱动力，靠的是成长型思维，因为这种思维模式能够赋予孩子一生向前奔跑的能力。

获得全球最大教育奖项"一丹奖"的斯坦福大学教授卡罗尔·德韦克，通过对众多案例长时间跨度的研究，提出成长型思维理论成果：凡是在各个领域中达到专精境界的人，思维模式必定是成长型思维模式。

因为具备成长型思维模式的人学习力、自控力、意志力、驱动力、自信力、复原力都会超过常人。

成长型思维告诉你：

为什么越是夸孩子聪明，有时孩子越畏惧挑战？

为什么越是注重分数，有些孩子的学习成绩却越糟糕？

为什么花了很多精力与财力给孩子补课，成绩还是原地踏步？

为什么有的孩子喜欢待在舒适区中，有的却喜欢不断探索新事物？

为什么孩子小小年纪就对自己失去自信？

如何让孩子在学习上重新获得自信？

……

如果在教育教学中将成长型思维模式培养贯穿始终，这就能破解这些令人困惑不堪的难题。

成长型思维模式九种思维方式：

面对不懂时，学会全方位思考"忽略了什么"；

想放弃时，转变思考方向，"尝试别的方法"；

犯了错误时，学会反思"我学会了什么"；

面对失败时，坚信人生没有失败，只有反馈；

面对困难时，思考"要多付出时间与精力搞定"；

取得一定成绩时，思考"专精没有天花板"；

看到伙伴成功时，思考"我怎样像他一样"；

面对自己不擅长的领域时，思考"通过刻意练习一定能提高"；

怀疑自己不聪明时，一定想到"大脑如同肌肉，也会成长"。

通过教育、教学以及开展专项活动对学生进行培养、感染，使之形成成长型思维的模式，各种能力必然会得到可持续性的提高和发展。

那缕心酸——贫穷不仅仅限制想象

著名作家铁凝曾对自己所著的小说《哦，香雪》这样评价："我还是怀着一点希望，希望读者从这个平凡的故事里，不仅看到古老山村的姑娘们质朴、纯真的美好心灵，还能看到她们对新生活强烈、真挚的向往和追求，以及为了这种追求，不顾一切所付出的代价。还有别的什么，能感觉到生活本身那叫人心酸的严峻吗？"

查阅很多有关这篇小说的解读，几乎都是对主人公质朴的本性、对美好生活强烈追求的赞美声，而对作者"心酸的严峻"的解读甚少。

时下流行这一句话：贫穷限制了你的想象。的确贫穷让心智带宽变窄。心智带宽是哈佛大学行为经济学家塞德希尔·穆来纳森在其著作《稀缺》里提出的概念。心智带宽就是心智的容量，它支撑着人的认知力、行动力和自控力。心智带宽也指我们在处理问题时所运用到的一切资源，也可以简单理解为脑力资源。

心智带宽一旦降低，人就很容易丧失判断力，做出不明智的选择，或急于求成，做事缺乏耐心，难以抵挡享乐的诱惑。简单来说，心智带宽降低也意味着智商的下降。

不说台儿沟凤娇姑娘傻傻地喜欢有妇之夫列车员"北京话"，也不说台儿沟姑娘们"烧水在哪儿"这些傻傻的问话，就说小说主人公香雪之于铅笔盒这件事。

研究表明在什么情况下心智带宽会降低？在注意力被俘获时，心智带宽就会降低。铅笔盒是这篇小说的道具，"铅笔盒"仅此三个字在这短篇小说中就出现 18 次之多。这个充满魔力的小盒子摄取了香雪所有的注意力。伙伴们感兴趣的是乘客的首饰和英俊的乘务员，而香雪最关注的是那个带磁铁的泡沫塑料铅笔盒。铅笔盒几乎牵动了她的全部注意力，竟然使她判断不出一分钟时间的长短，因此被火车拉向远离台儿沟三十里的另一站地，她只能冒着生命的危险夜行回家。如此大的失误，何尝不是因为香雪心智宽带降低所造成的。

有了"宝盒子"就有了一切，包括尊严与未来。有了它就能"如意考上大学"，有了它就能"要什么有什么"。因此为了得到"宝盒子"就不顾一切。这也是小说中自始至终没有交代"宝盒子"的价格，暗示这东西在香雪的心目中是无价之宝，因此才令她"铤而走险"。

说白了，令人心酸之一是贫穷造成人的智商下降。塞德希尔·穆来纳森对印度蔗农调查发现，蔗农在收获季节前，智商表现得比较差，在收获的季节认知水平就明显上升。塞德希尔·穆来纳森解释这源自稀缺心理造成的人性弱点。

令人心酸之二，贫穷影响一个人的思维模式。子曰："士志于道，而耻恶衣恶食者，未足与议也。"孔子说："立志追求真理，而耻于粗衣淡饭的人，不值得交谈。"在此，我们不应该苛求香雪的虚荣心，因为这虚荣心是贫穷与落后的必然产品。

"铅笔盒""一天吃两顿饭"等这一切，在同学们吃惊的表情下，不谙世事的小姑娘的心"再也不能平静了"。于是小姑娘的攀比之心慢慢地潜滋暗长起来了。我一定要拥有一个证明身份、获取自尊的"宝盒子"。子曰："衣敝缊袍，与衣狐貉者立，而不耻者，其由也与？"孔子说："穿着破旧的袍子，与穿着狐貉裘皮衣服的人站在一起，而不觉得羞耻的，大概只有仲由吧！贫富贵贱不过是人生遭际，没有什么可耻不可耻的。但是对于香雪来说却是至关重要，因此导致她那段时间痴情于"铅笔盒"，并为此采取冒险行动。

这种在意他人的评价和认为个人的名声比其他什么都重要的想法是很

典型的固定型思维模式。与之相对应，成长型思维模式对于外在的评价会做出理性的评估，绝对不会把评价的权利完全交给别人。

不得不说贫穷导致香雪思维模式是固定型思维模式——为了与别人相比，为了一个小小的铅笔盒，朝思暮想、愁肠百结、煞费苦心、铤而走险，这何尝不令人心酸？

读此篇小说心中有一丝隐痛，文静而漂亮，善良而淳朴，对美好生活有强烈向往的小姑娘，生活在闭塞、贫穷、困顿的台儿沟。悲天悯人——那缕心酸怎能不会涌上心头？

成长型思维破解"班杜拉之问"

斯坦福大学心理学家阿尔伯特·班杜拉是"自我效能"概念的提出者。他说，当一个人投入学习活动的时候，往往会出现这样的疑问：我能做好吗？我会失败吗？万一我搞错了怎么办？难道我就不能干点别的了吗？

他研究得出这样结论：当这些疑问占据主导地位的时候，其结果是什么？负面的情绪会迅速侵蚀一个人的学习能力，同时也会妨碍一个人的短时记忆。显然，这对学习者来说是极其不利的。

来自德国、英国、澳大利亚和日本的研究人员对 42 所学校 2000 名学生进行五年跟踪调查发现——情绪与成绩之间的关系是双向的。焦虑的学生学习成绩难以提高，学习成绩提高不上去的学生更焦虑，进而形成负反馈循环。

班杜拉告诉人们，当出现以上"四问"的时候，应对的方法一是设定清晰、可衡量的目标，寻找实现方法；二是进行积极的自我对话；三是对自己进行奖励。

其实如果一个人具备成长型思维模式，以上产生负面情绪的"四问"就不会出现，即使出现也会不攻自破。

"我能做好吗？"具备成长型思维模式的人，不相信天赋，只相信努力。在他的信念里是："他行，我也行！"

"我会失败吗？"具备成长型思维模式的人没有"失败"这个词语，只有反馈。当遇到困难与挫折的时候，有一个词语出现——尚未——"尚未达到要求"。

"万一我搞错了怎么办？"具备成长型思维模式的人会把犯错视为成长的机会——"错误是宝贝！"

"难道我就不能干点别的了吗？"这显然是想按下终止键。成长型思维模式的人永不放弃，但也不是一味蛮干，关键时刻更能正确地评估自己，会思考当下的路走不通，可以另辟蹊径。可见具备成长型思维模式，可以破解学习时所产生的负面情绪。

有科学证实，当一个人有意识展示宽容的态度，然后带着这种感受去参加体能测试跳高，竟然可以提高跳高的高度。

好情绪不仅仅影响心理，还影响生理。具备成长型思维模式的人可以屏蔽一切负面信息，当一个人生理与心理都处在最佳状态，这是获得新知识非常有利的前提条件。

培养学生成长型思维模式是可以促进学生积极情绪，预防消极情绪的一条非常有效的途径。

卓越是一种思维模式

人们相信自己的能力可以通过专注和努力来发展，头脑和天赋只是基本条件。这种观点会激发一个人对学习的热爱和取得伟大成就所需的坚韧。拥有成长型思维模式的人，做事不轻言放弃，更能从做事过程中享受到乐趣，更容易寻求帮助，复原力（碰到逆境、创伤、悲剧、威胁或其他重大压力时，能很快调整恢复）更强，很快就能从失败中爬起来，不断地提高自己，潜力巨大。

在这里我们把人分成平庸、优秀、卓越三个层次。非常肯定地说，不具备成长型思维模式的人，不会成为一个卓越的人。

拥有成长型思维模式的人最关注的是成长，他的动力来自内驱力。而拥有固定型思维模式的人最先关注的是外在的奖励以及荣誉等。科学研究证明，关注奖励以及荣誉这些外在元素的人，他们的关注面就会变窄，宽广的视野就会被遮蔽。最好的例证是有些艺术家之所以能在绘画和雕刻道路上苦苦追寻，是因为创作本身的快乐而非外部奖励，而且他们所创造的艺术也得到了更多社会认可。最终得到外部奖励的人，恰恰是那些最没有动力追求外部奖励的人。

一项对美国工业界 11000 名科学家和工程师进行的研究发现，想进行脑力挑战的渴望越强烈，也就是说想掌握一些新东西或者有意思的东西的要求越迫切，生产力就越强。就算是花费的精力一样，由这种内部欲望激励的科学家明显比那些主要动机是金钱的科学家拥有更多专利。也就是说，由外因激励的群体与他们的内因激励型同事工作的时间一样，工作努力程度也一样，只是他们取得的成就较少。

"有心栽花花不开，无心插柳柳成荫"这句话最能解释这个现象。优秀者中有固定型思维的不乏其人，但是再上一个台阶达到卓越就很难了。因为追求卓越首先要具备把想做的事情做得越来越好的欲望，而不是那些夹杂着扰乱心性的外在动力因素。也就是说卓越需要纯正的定力与动力系统，否则就达不到这个最高的境界。"发愤忘食，乐以忘忧，不知老之将至"就是这种状态。

达到卓越层次的人注定要经历无数次挫折与失败。为什么这些人能坚持到最后？他们的思维模式决定了他们的坚持。

在一项针对美国五年级和六年级学生进行的研究中，成长型思维的创始人德韦克给了学生 8 个他们能解决的难题，后面还有 4 个他们不能解决的难题，因那些问题对那个年龄的儿童来说太超前了。那些认为脑力是固定的学生很快放弃了那些难题，怪自己太笨解不开它们。尽管那些问题很难，但成长型思维模式的学生还是一直在努力，为了找到答案尝试了非常别出心裁的方法。这些学生说：自己没有攻克这些最为棘手的问题，能怪谁呢？德韦克说："他们的答案着实让我大吃一惊。他们没有怪任何人、任何事。"这些孩子认为，在通往卓越的道路上挫折无可避免，他们甚至认为挫折可以当作路途上的指示牌。

德韦克有一个标志性的观点："人的信念决定了他们的成就。"固定型思维不相信人的智力像肌肉一样，经过锻炼会越来越强，因此面对困难他们不会认为这是机遇。成长型思维的人面对挫折与失败会越挫越勇，因为在他们思维的世界里没有失败，只有反馈。这恰恰是一个追求卓越的人必备的素质。

一个追求卓越的人一定会为身心俱疲做好充分准备。真正支持他在身心俱疲的过程中坚持的，是经常有心流伴随，心流是一种将个人精神力完全投注在某种活动上的感觉；心流产生的同时会有高度的兴奋及充实感。因此，能达到卓越的人要经历常人难以忍受的磨炼。美国著名心理学家安德森·艾利克说："很多特质以前被认为是天分，但实际上它们是至少 10 年的高强度练习的结果。"成长型思维的人不相信天才理论，所以在前进奋斗的路上他们有充分的思想准备，并且有一个信念：生命不想贫瘠地存在，就一心一意全力以赴为之努力！

追求卓越不仅仅是我们假设的付出，如果不具备成长型思维模式，付出就难以坚持下去。没有坚持就一定没有卓越，因此卓越是一种思维模式。

专精没有天花板

"我已经做得够好的了！"当一个人产生这样的看法时，就意味着他的未来一定是平庸的。你可能说这是知足的心态，俗话说"知足者常乐"。但这不是随遇而安的积极思维，这样思维的未来换来的是平庸的生活，因为生活如同逆水行舟，不进则退。

在生活中"小富即满"的不乏其人，但是这些人的结局都不是太理想。"我已经做得够好的了"，往往是这样的人最容易自满。"谦受益，满招损"是必然的规律，而自满是一种把发展自己的机会放弃的心态，一个人在生活或工作中没有精益求精的追求，这将必然导致平庸。没有人把碌碌无为的一生作为自己的人生追求吧？当产生"我已经做得够好的了"这一想法，其实就是对专精的放弃。

要知道他是不是在度假
你不用看他在做什么
你只需要看着他的眼睛
厨师正在搅拌沙拉
外科医生在把第一道切口划
办事员正填写提单
他们都有着同样的专注表情
仿佛忘了自己还在工作
他们聚精会神的神情

是一幅多么美的图画

——W.H. 奥登

这是英国诗人 W.H. 奥登写的一首诗。这是一个工作者追求专精的动人的、幸福的、身心合一的画面。因此对专精追求的放弃，就不会有这样的幸福体验，也就是对幸福的放弃！只有对工作追求精益求精的人，才会有忘我的生命状态。当工作已不是工作，学习已不是学习，而是享受，这样的人生体验就是心理学的"福乐"，也就是心流。

纵观古今中外那些在人生中取得成就的人，无一不是在工作中"如切如磋，如琢如磨"，穷其一生的精力永远不放弃地追求。因为这些人知道专精的自然属性：专精是一条渐近线，专精没有天花板。正因为如此，专精才有魅力。任何武林高手都不是登峰造极，总是有一句话提醒：强中自有强中手！当一个武林中人感觉自己是武林至尊的时候，等待他的必将是一败涂地。泰格·伍兹堪称世界最伟大的高尔夫球手，但是他却说自己能做得"更好"，而不是最好。"飞人"乔丹的努力程度让他的教练感到惊讶，人们将他称为"一个不断想提高自己天赋的天才"。

"已经做得够好的了"，如果经常产生这种思维，建议读一读《匠人精神》，看看秋山利辉是怎样培养世界级工匠的，达到世界级工匠的路径是什么。

中小学生如果"已经做得够好的了"，言外之意是你已经很刻苦了，那就读一读《安妮日记》，体验一下安妮这个小女孩在生命朝不保夕、暗无天日的恶劣环境下，25 个月的藏匿生活中读了 19 本书，还写了小说，自学法语、英语，还迷上舞蹈与芭蕾，利用晚上刻苦练习。与之相比我们是否可以说：我做得够好的了？

没有完美无缺，只有不断进取——这就是成长型思维！

世上无难事

　　"这太难了！"当面对难题的时候，这个想法在大脑中不断闪现，结果一定会令人失望。子曰："不曰'如之何，如之何'者，吾末如之何也已矣。"（孔子说："遇事不想着'怎么办，怎么办'的人，我不知道对他怎么办。"）孔老夫子告诫世人遇到问题不要叫苦连天，而要动脑筋想办法解决。

　　"难"的存在，也是意义所在。每天面对 1+1=2 这样简单的数学题，一定会产生厌倦情绪。没有"难"就体会不到"众里寻他千百度，蓦然回首，那人却在，灯火阑珊处"的美好；没有"难"怎能体会"山重水复疑无路，柳暗花明又一村"的惊喜；没有"难"就体验不到"路转溪桥忽见"的妙处。恰恰因为"难"，人才有积极的体验。当然，"难"就意味着要多付出时间与精力。

　　彭端淑的《为学》，给我留下深刻的印象，至今还能背诵过来。开篇即是："天下事有难易乎？为之，则难者亦易矣；不为，则易者亦难矣。人之为学有难易乎？学之，则难者亦易矣；不学，则易者亦难矣。"（天下的事情有困难和容易的区别吗？只要肯做，那么困难的事情也变得容易了；如果不做，那么容易的事情也变得困难了。人们做学问有困难和容易的区别吗？只要肯学，那么困难的学问也变得容易了；如果不学，那么容易的学问也变得困难了。）他解释了什么是真正的"难"，并且用两个僧人鲜活的事例对"难"与"易"进行论证。不知为什么这篇课文已不在初中课本上了，建议初中生从网上找出此篇背诵一下。一定要明白人之为学，关键在勤奋，有坚定的信念，并且行动起来。

"这太难了"，这种消极的想法反复在脑中出现的时候，就会形成固定型思维。但是在这里也特别提示一下另一种思维方式："世上无难事，只怕有心人。"仅仅做到"有心"，距离行动还有一段距离。孔夫子"君子讷于言，而敏于行"，以及赫胥黎"人生的伟业，不在于能知，而在于能行"都在强调两个字：行动！"世上无难事，只怕有心人"应改为"世上无难事，只要肯登攀"。

经常出现"太难了"这种思维的学生，建议观看一下《隐形的翅膀》这部电影，还可以看看尼克·胡哲的短视频。也建议中学生读一读他的《人生不设限》这本书。

基于以上，最后提示，当产生"这太难了"固定型思维的想法后，应立刻调整为成长型思维模式："我要用更多的时间和精力来搞定！"

惟手熟尔

"我不擅长这个！"如果你是一个学生，面对中高考的必考学科，你说你不擅长，这就麻烦大了！如果你是一个工作人员，在你的工作中必备的素质中的某一项，你说你不擅长，这必将招致你工作上的不顺。这句话会产生心理暗示：因为不擅长，我要放弃了。

课文《卖油翁》告诉你什么是擅长，即"惟手熟尔"！熟能生巧，巧能生精。如果这个古代故事不足以说服你，那么让我们一起走进现代的科学研究《刻意练习》这本书中。

作者安德斯·艾利克森博士，是美国佛罗里达州立大学心理学教授，康拉迪杰出学者。他对一系列"天才"进行了深入的研究，发现了"天才"的秘密。

莫扎特被世界公认为"音乐天才"。他七岁环欧洲旅行演出，能弹奏各种乐器，会作曲。他的才能来自身为小提琴演奏家及作曲家的父亲的精心培养。莫扎特很小的时候，他的父亲在总结培养女儿成功经验的基础上，给予小儿子更好的指导，因此造就了"音乐天才"莫扎特。

"天才"小提琴演奏家帕格尼尼在一次演出中遇到事故——三根琴弦绷断。最终他用一根弦仍然完成了完美演奏，成为音乐史上的传奇。然而，真实的版本却是他与一位女士坠入爱河，并为她创作了一首只需 G 弦与 E 弦演奏的绝妙曲目，以两根弦模拟二人甜蜜对话与互动，后来，他把这首曲子用在了演奏现场。

伦敦的出租车司机们的大脑对伦敦街道以及住所的敏感，是由于长年的出行中道路经验超越 GPS 系统，这当然让他们超越了常人。

有关一个人的才能不是天赋的证明，安德斯·艾利克森博士通过史蒂夫得到验证。史蒂夫是作者进行研究的招聘对象，是一名刚念完三年级的普通大学生。他每天和作者见几次面，任务很简单，就是记住一串数字。作者以大约每秒一个数字的速度，向史蒂夫读出一串数字，他则努力记住这些数字，并在作者念完之后，把数字背给作者听。史蒂夫星期一来参加记忆力实验时，表现完全是正常的水平。到了星期二、星期三、星期四，他平均能记住 9 个数字，但依然不比普通人优秀。但是经过两年的训练，史蒂夫能记住 82 个数字。这个数量令人震惊！而这个震惊的数量后面是坚持两年的练习。

安德斯·艾利克森博士在《刻意练习》中列举了体育、音乐、医学、军事等不同领域中的杰出人物，这些杰出人物是"刻意练习"法则所造就的。

山田铃木是一位杰出的日本科学家，他曾经做过一项被世人视为奇迹的实验。他挑选了一些只有几星期大的婴儿，在他们摇篮边播放优美的音乐录音带，每首曲子重复播放 30 天，再换另一首曲子。这个步骤一直持续到孩子两岁左右，再让母亲上三个月的音乐课，两岁的孩子则在一旁聆听。接着，他把小型小提琴放在孩子手上，让他们摸索乐器，学习拉琴的动作。第一次课只有两三分钟，慢慢延长到一小时，等孩子们长大些，就自然而然学会拉人们一向认为不好学的小提琴，而且乐在其中。后来，山田教授举办了一场音乐会，大约有 1500 名上述日本儿童参加。他们的平均年龄只有 7 岁，却能演奏肖邦、贝多芬等人的作品。他特别强调，这些孩子并非音乐神童，也没有音乐天赋。

安德斯·艾利克森与山田铃木两位学者的研究都在说明一个问题：所有的擅长都不是与生俱来的天分，这都与你进行的训练有关。

"不擅长这个！"这又是你不得不做的事情，因此一定要将这种固定型思维转化为成长型思维："我正在提高！"加强练习，如果效果不好，那就遵循安德斯·艾利克森刻意练习的规律——你一定能变得优秀！

你是你，已不是最初的你！

你是你，也不是昨天的你！

每天的睡去，是旅程的一个终站。

每天的醒来，是旅程的一个起点。

——林清玄

感悟成长 1：成长型思维让我迅速成长

叔叔阿姨，同学们，上午好！

我是 032 班杨凯博，今天我很荣幸和大家分享一下我的成长感悟。

这段时间我的成长来自老师的教导和同学之间的交流，但更多的是自己学到的成长型思维和学习方法。

开学以来，在校长的指导下我学习到了成长型思维。

什么是成长型思维？那就请听我讲一个曾文正的故事，也就是曾国藩的故事。

据说曾国藩小时候并不聪明。13 岁那年的一个晚上，他在书房背诵一篇短文，一篇文章不知道重复读了多少遍，可就是背不下来。

这时有个贼光顾他家，潜伏在他屋檐下想等他读完书熟睡后下手。

左等右等，曾国藩就是反复读那篇文章，但怎么也背不下来。

贼人实在等不下去了，勃然大怒，跳出来说："像你这等笨蛋还读书！"

贼人说完，就把那文章背诵一遍，并对曾国藩说："我实在听不下去了，你这么笨，还读什么书！"说完贼人便扬长而去。

贼人的奚落并没有影响到曾国藩，他屏蔽了小偷给他的负面信息，依旧坚持读书。

最后终于学业有成，事业有成，成为晚清"四大名臣"之一，成为中国近代史上著名的政治家、战略家、理学家、文学家，被后人赞誉为"立德立功立言三不朽，为师为将为相一完人"。

曾国藩就是典型的拥有成长型思维的人物。成长型思维的精华就是坚信智力的可塑性，坚信一切都可能，相信努力，重在过程。

成长型思维模式的行事原则就是我们每天的誓词中的"屏蔽一切，只关注根本"。

这段时间我也读了两本关于成长型思维的书：《哈佛前 1% 的秘密》《考试脑科学》，真的收获很大。

《哈佛前 1% 的秘密》中卡拉扬和佩德罗亚的故事使我感触颇深，卡拉扬经过不懈的努力成为世界上著名的音乐指挥家。

卡拉扬的命运波折，他在很小的时候就展现了出众的音乐才华，经过了十年的钢琴练习，卡拉扬在钢琴上小有成就。可是命运捉弄人，卡拉扬因病导致双手留下了严重的后遗症，造成他钢琴弹奏永远止步于简单的乐谱，难以进步。

这时候他的父亲希望他可以成为一位科学家，因为当时最著名的音乐家也只是可以勉强糊口。可是卡拉扬钟爱自己的音乐，他屏蔽了一切，放弃了努力十年的钢琴，拿起了指挥棒，继续踏上自己的音乐之旅。在艰难的努力摸索中，他凭着屏蔽的力量，在一个三流小县城的剧院中度过了自己的美好年华。

面对音乐指挥家的元老级人物富特文格勒的打压，卡拉扬依旧没有放弃，相信属于自己的时代终将会来临，最后他终于担任了维也纳新年音乐会的首席指挥家。

书中佩德罗亚从一个被人嘲笑的击球手，变成了身价上亿元的运动员，靠的也是屏蔽一切的力量。

他们的成功给我很大启示，使我认识到了屏蔽负面信号的重要性。

一段时间来，我也屏蔽了来自周围的负面信息。

屏蔽了原来老师和家长对于我数学马虎的信号，我的数学取得了很大的进步。

计算题由经常出错到了现在的经常全对。在数学一次周清中，还被老师奖励了棒棒糖，现在教室后面的星星墙上贴满了我数学获得的星星。

在《考试脑科学》中，我了解到了艾宾浩斯遗忘曲线。知道了集中复习不如间断复习，如大家背诵《阿房宫赋》，每天拿出很少的时间歌诀记忆，几天就可以熟练地背出任何一段。

我将这些方法应用在语文和英语上，这两个科目也取得了长足进步，英语单词听写很少有错，语文古诗文言文默写可以达到全对。

我也将欺骗大脑海马体的方法运用在了英语上，每天早上大喊："I am so happy to learn English！"不爱英语的我也逐渐爱上了英语，英语完形填空从原来的正确率 50% 到现在的 90% 左右，上课也变得比以前更积极了。

以上便是我的成长感悟，谢谢！

感悟成长 2：收获与成长

朱贺蕊：开学以来，最大的成长是思维和心态方面的变化，从以前考试看重成绩和排名到现在把每一次考试都看作发现自己一段时间学习中的不足的途径。同时认识了更多优秀的人，每一次的交流讨论都让我获取更多方法，思维发散极广，在优秀的群体里我们会一起变得更优秀。

田凌薇：首先，我思想意识得到了很大转变，现在更注重过程，因为那些高分数，只是学习过程的副产品而已。就像校长说的："没有失败，只有反馈。"其次，我的团队合作意识增强了，我很喜欢在小组讨论时同学们互相交换彼此的意见，如校长说的："理解是解释的产物。"这是越解释，越使自己明白。

李奕璇：来到这里，我收获了很多，遇到了很多负责任的老师，乐于助人的同学。我也成长了很多，变得更加乐观与坚强了，就像我们每天宣誓的那样"屏蔽一切，只关注根本"，不要过于在意别人的眼光，要时时刻刻做最好的自己……希望在接下来的学习生涯中，能和大家共同陪伴，共同成长！

王依依：一个多月来我最大的变化就是对待成绩的看法，以前不管大考小考，今天考完第二天出成绩排名，班级年级的排名都贴出来了，每次考试前一天晚上恨不得抱着书把所有知识都吸收了，睡不着觉，在考试的时候紧张得出冷汗也坐不住。现在能很冷静地面对考试，以成长型思维面对考试，考试其实是最好的学习工具。因为"考试不只是衡量学习结果的标尺，更重要的是从记忆中检索学问的一种练习"。当然，还有更重要的，在这里收获了这么多一起学习的朋友，希望以后和大家能更好地合作，好好学习，天天向上。

杜玥琳：一个月来我收获了很多，高水平的老师，高水平的同学，周围的人都是那么优秀，就显得我格外渺小。但是我始终谨记我也是这个优秀集体中的一个优秀的个体，我还可以更优秀。在这里我拥有了成长型思维。比如对考试的认识，一次考试失利并不算什么，考试只是一次反馈，要乐观积极地看待问题，考70分，我看到的是30分的进步空间，考试让我知道自己所不知的东西，下次就不会再犯相同的错误，自己就能逐渐进步，变得更加优秀。

苑铭傲：一个多月来，我们进行了许多成长型思维的培训学习。来来回回从1楼到7楼，从7楼到1楼，最开始我感觉听到的都是嘈杂的脚步声，后来经过一段时间的学习，我的心态也开朗了许多，原先觉得嘈杂的脚步声，现在也变成了悦耳的旋律。对待考试，之前我一次考差了就要抑郁好久，现在我可以及时调整心态吸取教训。

李依晨：这一个多月的成长，有两方面，一方面我学习了许多提高学习效率的方法，如歌诀体记忆法，形象记忆法，在同学的影响下，我学会了利用碎片化时间。另一方面学习了成长型思维，在面对考试失利时，面对困难时，不再退缩。因为分数只能说明当前的水平，成长比分数更重要。希望我会变得更好！

张馨予：一个多月了，这期间新的挑战等待着我，知识大门待我叩开。面对成绩的下发，我真的认识到了自己与他人的差距。别人真的很强，但这不是我的失败，卷子发下来时，我更多的是关注自己的错题，因为只有搞定了它们，才能更好地向上和进取。牢记没有失败只有反馈。不经历风雨怎能见彩虹。人生就是这样，经历一次次考验才能成长；人生就是这样，哪怕雨雪霏霏也要追寻阳光。

王乾硕：恍然间已经一个多月，我也学到了许多东西，学到了成长型思维，学会了自己和自己比，从之前的在乎成绩，到现在更在乎过程与成长。我也学到了许多科学的记忆方法，如饥饿记忆法，让我的学习更加高效。在考试方面，之前我一次考差了就要抑郁好久，现在我可以及时调整心态吸取教训，迅速为下次考好积蓄力量。只有行动才能不断见证自己的实力。

曹馨蕊：刚刚告别了月考，有人欢喜有人愁，来到这里，我的成长便是思维的转换，比如从之前的前十名就好，变成了现在的进步就好。初来乍到，我总是十分吝啬自己的掌声，可是现在我认识到你在给别人鼓励的时候，自己也会收到一份激励，当你在给别人竖大拇指的时候，而中心却是朝向自己的。我们不断成长，不断进步。群英争霸，我们期中见！

二 成长型思维
初入家庭与校园

2017 年底，我将卡罗尔·德韦克的研究成果引入校园。其实每个人都是两种思维的复合体，只不过是在生活中哪一种表现得更突出一些，就称其具有哪一种思维模式。

德韦克教授借助现代科学的研究手段揭示成长型思维重要的成长价值后，当我们有意识、目标明确、着力将成长型思维模式培养引入家庭及学校教育活动时，就会产生立竿见影的效果，甚至好到难以置信！

与家长对话 1：让成长型思维成为习惯

校长：博远妈妈，在前些日子的跳绳比赛中，一年级的博远有明显的优势，竟然超过六年级的同学。在数学问题表述方面也表现出明显的优势。那天听您说，博远早就接触成长型思维了，大约在什么时间？

博远妈妈：我们今年 3 月份来到临川上学前班，因为路上开车时间有点长，自那次学校成长型思维培训后，我就听了樊登讲卡罗尔·德韦克的《终身成长》，觉得小博远听了也不错，我俩就一起听完了。当时没太在意变化，只是在博远练琴时，用成长型思维激励他一下。真正在孩子身上运用成长型思维，就是在我们学校上次培训过这个主题以后。我们就会用脑神经元在遇到挫折和困难时，会有更大的链接这个说法，来激励小博远。比如练琴时他困了累了，不想练了，以前一点办法都没有。现在我会说：现在是你的脑神经元链接的最好时候，战胜了困难你就有一个大的提高了。然后等着孩子调整，很快他就挺直腰板开始弹。

校长：今天的数学课遇到难题的时候，孩子立刻说：要建立新的链接。孩子经常说这句话吗？您什么时候感觉孩子有了变化？

博远妈妈：经常说。特别是弹琴遇到困难或者累的时候，他就用这句话激励自己，弹起来发现，自己很有满足感，也不是像他想的那么累了，自己就有了成就感。我发现在战胜懒惰、取得突破时博远很高兴也很兴奋，会叫爸爸来看他突破了。

在跳绳上大的起色在"十一"前我才发现，那时候已经运用这个思维模式有一段时间了。"十一"假期的作业是每天跳绳，博远每天都交作业。

我们在东北早上去爬山，碰见一些跳绳高手，小博远跟着学了几天，就大有长进，教练夸小博远是个努力的孩子。之后这个思维模式就成为习惯，无论是练琴，还是游泳，他已经能自觉运用了。

校长：《终身成长》的有声书您与孩子听了几遍？

博远妈妈：就听了一遍书，和您的一次培训，就受用到现在了，对了，我们还听了《刻意练习》的有声书。

校长：这种思维已经深深地植入孩子潜意识里了，一遍就能有这么大的变化，说明培养成长型思维对孩子来说相对容易，因此越早越好。

博远妈妈：孩子自从来到博奥学校就爱上课，成绩也从来没有过起伏。

校长：你们听了以后，也利用成长型思维理念反复提示孩子吗？

博远妈妈：我听过《终身成长》和《刻意练习》课以后，不会去责备孩子的不足，而是会结合孩子的背景和现状，接纳和鼓励孩子，深知每个孩子需要刻意练习的时间不同，但都可以通过刻意练习去达到预期，成长型思维让孩子愿意面对困难和挑战，愿意去练习。

校长：是，成功没有捷径。刻意练习的基础就是付出。没有付出就诞生不了优秀。但是只付出而不进行刻意练习，也不会造就出优秀来。

博远妈妈：是。我们也是想他明白成功没有捷径，更不是因为聪明。自从博远认为面对困难是件好事儿，可以让他变得更好，他好像就有了更多的挑战困难的信心。

校长：成长型思维，就是有能量的思维。所以遇到困难，那些积极的正能量储备就自然而然输出。

博远妈妈：在每次挑战成功后，又很受激励，那种战胜自己的喜悦和自信，是让博远最受益的。现在他比以前更有信心拿下一首新曲子了，以前一弹新曲子就逃避，现在更有信心迎上去。每首新曲子都从以前想逃，变为现在爱上，到顺利通过，他的自信也就越来越强。

校长：孩子接触到这个理念刚刚半年，在生活中、学习上有意识的历练，这样对孩子成长型思维模式的形成进行了刻意强化，孩子成长型思维模式已经形成了。每次成功都会更加强化孩子的成长型思维模式。

博远妈妈：在博远的思维逻辑里好像没有失败的概念。博远面对伙伴跳绳不多时，也会说只要多练习，肯定会好的。过几天他回来跟我说，他的同学 Selina 今天跳绳是他们班进步最快的。我觉得他关注更多的是过程和进步，无论是他自己，还是伙伴。

校长：其实就是这样——人生没有失败，只有反馈。成长型思维的孩子不会耻笑别人的不足，他心里清楚一切都是付出的结果。

博远妈妈：是！他不仅自己能运用成长型思维，还会用这种思维模式去鼓励同学，真是意外的收获。游泳课上，如果教练说他今天练得不好，他也不纠结。我和他都知道，是因为我们平日练习得少，回家加强练习就行了。

校长：也就是说即使表现得不够好，孩子也从来没有灰心丧气，这就是典型的成长型思维模式。

博远妈妈：博远自己知道通过刻意练习是可以成功的，所以他不纠结暂时的结果。游泳博远一般练得也认真，他不会把练习当儿戏，所以不会有大的偏差。

校长：他纠结过程中的不足，因此他想的是如何改变。

博远妈妈：老师觉得他是苗子，期待会高，但博远不在意，尽力就好。

校长：在游泳馆博远不是最好的吧？

博远妈妈：当然，他是初学，况且我们没有时间练太多，就每次上课他自己会尽力做到最好。

校长：虽然不是最好的，但是没有影响练习的兴趣？

博远妈妈：有一次教练说打他手了。但下课我问博远怎么样，博远自豪地说他是第三个游完的，根本没提打手的事，仍然自信满满。

校长：孩子最关注的是自己的成长。

博远妈妈：博远说所有课他都喜欢上。我每次问他最喜欢什么，他都说上学上课好玩。爸爸带博远跟另一个小孩学羽毛球，开始博远基本打不着球，但现在羽毛球也成他最爱了。

校长：您什么时候发现孩子喜欢挑战自己的？

博远妈妈：从接触成长型思维和刻意练习用在练习钢琴上后。

校长：也就是说通过练钢琴，你培养了孩子的成长型思维模式。

博远妈妈：以前他在钢琴练习上的畏难情绪很严重。在钢琴上的思维转变是完整的过程，因为钢琴几乎每天都要练，是个持续的过程。

校长：实事求是说，您当时培养思维模式是有意的，还是无意的？

博远妈妈：有意的呀！当时想解决练琴的问题。

校长：您太伟大了！

博远妈妈：自从上学后，放学回来写作业，练琴时间往后调，博远可能会困，遇见新曲子就会不想弹。所以当时成长型思维和刻意练习都是为了练琴的需要。

校长：但是当时您能想到这种思维模式会迁移到其他方面吗？

博远妈妈：没！现在不仅博远各方面学习都受益，连我也被激励，感觉孩子的思维转变比我快速和彻底得多！

校长：我们大人的思维被纷繁复杂的岁月固化了，改变很难。因此思维模式培养要尽早。博远小小年纪成长型思维模式就占了很大优势，相信孩子的未来会更美好！

博远妈妈：孩子不迷信天赋。自从接触到成长型思维以来，我们只称赞他认真和坚持。让他明白凡事都可以通过自己的努力和坚持达到预期，他的内心就少了一份对结果的纠结，多了一份努力和坚持！

校长：当这种成长型思维模式深深地植入孩子的人生的时候，怎能不成功！

博远妈妈：谢谢您，校长！引导我们学习让孩子终身受益的育儿知识！

校长：谢谢您的配合！

与家长对话2：成长型思维奠定了女儿未来的人生

家长：校长，我把孩子的语音转成文字转发给您。这是您推广的成长型思维在她成长中的作用。

学生：对呀，这就是成长型思维啊！因为前段时间我发现校长不在了，不知道去哪了。我就很心碎，特别痛苦。但是后来我觉得自己想明白了，就是说用成长型思维思考一下，这是校长在我们学校推广起来的。所以说，只要是把我敬爱的校长传播的这种思维模式，在我身上践行得很好、很完美的话，就是对他的最最最好的回报了。也是最好的回馈。当然，这也是有关于爸爸以前跟我说过的：你怀念老师，只怀念老师，没有一丁点儿作用。要在行动上去努力，这一定是爱你的老师最希望的！

家长：这是另外一段她的语音。我真的好欣慰！

学生：所以就算是自己现在不优秀，你也不要灰心，只要是把精力用在一点一滴的行动上，自己就会慢慢地变好。点点滴滴地改变，就会变得更加完美了。以后你也是有缘去接触那些高能量人物的，所以根本就不用担心这辈子都不会变得优秀，去怀疑能不能走进高品位这样的群体里生活。

校长：成长型思维就是信奉增量理论！坚信一切都会有好的结局，如果不好，就是没有到最后！

学生：所以说，妈妈，我又悟到了一个道理，就是说，你要是什么事儿都往好的方面想的话，你就是自己最好的医生。妈妈，您应该听过一句话吧，其实每一个人都是在那个地狱的门前排队的，就是在那个死亡门前排队的，医生只是起到了一个把每个人再往后排一点的作用。所以说，自己做什么事都往好处想的话，轻易就用不着医生，自己就可以疗愈，增长寿命。我这样想对不对？

家长：我还没有好好去了解成长型思维究竟是怎样的一种思维模式，大概有一点粗浅的感觉，但是孩子今天给我发的这些语音，着实让我很吃惊，同时也很欣慰。这种思维模式奠定了她未来的人生模式。

校长：的确，人生的成功与否，是由思维模式决定的。特别值得注意的是，无论是家长还是老师，都应该具备成长型思维模式，形成这样的气场，对孩子成长型思维的形成才会有巨大的促进作用。目前临川学校国际部每位老师都通读了有关成长型思维这方面的书，特别是外方校长纳什先生对这个理念非常认同。因此您如果有时间，真的也应该好好了解一下成长型思维。

家长：好的。我一定好好学习一下成长型思维，我接着给您转发！

学生：就是，其实妈妈你往好的方面想，我就是没考上高中，那也没关系啊！就是你看我在这儿，这一年我真的懂了很多道理。我学会了自律自立。妈妈，您也要用积极思维。我比我的同龄孩子懂得多了，我以后的生活肯定会越来越好！早点学会一些生存技能、处事的思考方式，这样不是很好吗？校长培养我们的这种成长型思维特别好，所以说真的使我很受益。现在从另一个侧面来看，我其实已经赢在起跑线上了，可能以后我的人生会比他们的更精彩。

校长：孩子最初就是典型的固定型思维模式。表现尤为突出的是作业经常拖拉，不是因为懒惰，而是想把作业做得尽善尽美才交给老师。孩子最初追求完美，但是能力与表现的欲望不相匹配，她总想遮掩，当遮掩不住的时候就会焦虑，属于风险抗拒型。固定型思维模式的特点之一是重在表现，而不是寻找成长的机会。经过一段时间孩子变得越来越好，在今年期末学校大舞台的展示上出乎意料地从容淡定。

家长：是的。孩子越来越好！今天我简直不敢相信这些话出自她之口，但是真真切切就是语音发给我的。她说她将来想学心理学帮助更多人。

校长：好的，我们一起努力！让成长型思维的增量理论根植在孩子的内心深处！我坚信孩子会越来越好！

家长：一定！

与家长对话 3：成长型思维助力孩子成长

校长：您好，非常高兴与您对话。

家长：校长好，我感到很幸运。

校长：疫情发展越来越严重，太担心学校不得不按下暂停键，这样孩子们只能再次居家学习了。因此从明天起，学校严格管控，封校了。

家长：太好了，我们做家长的特别支持！孩子在学校学习比在家学习真是好太多了。在家自律的孩子还好些，不自律的孩子绝对不如在学校学习好。

校长：是啊，没有良好的自律习惯一定会一败涂地。婧婧这次市联考成绩非常棒，说明假期居家学习的时候她非常自律。

家长：学生在校期间你们训练孩子自主学习，寒假期间老师们辅导孩子自主学习，你们一系列举措对孩子帮助太大了。在此，感谢学校的老师们，也感谢您。

校长：不客气。这次婧婧所在的高二年级成绩有了很大的提高，出乎我的意料，也在我的期望之中。最可喜的是高中一年级的联考成绩，强基率竟然超过全市最好的学校荣登榜首。太出乎意料了！

家长：这都是学校领导和老师们的辛勤付出的结果。成长型思维，让孩子懂得了感恩，学会了自律，感谢校长把成长型思维带到了雄安，让博奥高中的孩子们受益匪浅。

校长：一个人要具备成长型思维，首先要有一个快乐的大脑，而心怀感恩的人必定有一个快乐的大脑。这个观点来自《可见的学习与思维教学：

让教学对学生可见，让学习对教师可见》一书。

家长：老师们的实际行动——陪读，陪吃，陪住，陪练，孩子怎能不感恩啊！

校长：感恩有时也要训练。您想一想，每位家长都付出很多，可有些孩子就是不知道感恩。

家长：您说得在理。

校长：《可见的学习与思维教学：让教学对学生可见，让学习对教师可见》一书介绍了一个培养成长型思维的简单方法，即写感恩日记。

家长：孩子上高中后总写感恩日记，语文写作方面也提升了不少。

校长：我们要求学生写感恩日记正是为了您说的这两个目的。一是提高写作能力，最重要的还是要学生学会感恩。感恩是一个人立足于社会的相当关键的竞争力。感恩不仅可以强化成长型思维模式，还能调和内心与外界的和谐。

家长：成长型思维教育真的不错，孩子改变太大了。就寒假来说，以前每年放假孩子们就放纵自己，今年寒假的自主学习培养，让孩子们充分利用了寒假的时间。

校长：我感觉这次能获得这样好的成绩，一是师生付出很多，尤其是老师们，学生学习成绩取决于他们的投入度，而教师的投入度又决定学生的投入度。这是美国最新研究成果。二是我们在学校注重学生自主学习训练。综合这两个方面是这次创造佳绩的主要原因。

家长：是的。我作为家长很认可训练孩子的自主学习。

校长：婧婧给您写的信我读了好几遍，由衷地感叹她是懂事的小姑娘。

家长：受她爷爷的影响，婧婧是个勤俭节约和要强的孩子。她爷爷是个抗美援朝的老军人，她说不能给爷爷丢脸。

校长：孩子的言行是家庭环境熏陶的结果。

家长：上高中后婧婧改变更大，过年不要新衣服，她说有穿的就行，更何况上学要穿校服。她也从来不和别的孩子比吃比穿。

校长：小女孩不比吃穿，说明孩子知道高中阶段她想要什么。孩子学习成绩优秀就是她全力以赴的结果。

家长：我也感觉到孩子很单纯。

校长：孩子不仅仅是单纯，还纯净。老师们曾说关于婧婧的一个细节。婧婧找老师借手机，用完后总是说一声谢谢，并且非常真诚地给老师深鞠一躬。这可是大部分孩子做不到的。

家长：她很懂礼貌，从小就是这样。

校长：老师们对孩子赞不绝口，孩子正能量特足，这是一个非常有教养的小姑娘。

家长：孩子五年级的时候捡到三万块钱，她等了失主三个小时。等失主寄来锦旗后我才知道这事。孩子很小我就带她参加公益活动，端午节去敬老院给老人包粽子，演节目。

校长：那么小的孩子竟然做出这样的举动，实属不易！她可以拾金不昧，但这么大的事她竟然不向您说，这说明孩子把这件事看成是平常事了。孩子现在所有的行为表现绝对是家庭教育的结果。正是有您这样的引领，孩子才很大气。

家长：她说过这话，父母再有钱，那是父母的，不如让自己变得越来越优秀，靠自己得到想要的。

校长：孩子有独立的个性，懂得感恩，有很强的自律能力。其实这孩子的人生基本定格了。目前就是朝着自己的理想方向前行就可以。真的为您感到高兴，祝贺您，也很羡慕您！

家长：说实话，我感觉亏欠孩子太多，不能像条件好的家庭那样，给她最好的。提起这样的话题，她就会说妈妈你给我的教育就是最好的，你的陪伴就是最好的。

校长：是啊！有的人不是很悲哀吗？穷得只剩下钱了。没有精神，没有灵魂！只剩下钱的意义是什么？您的陪伴是高层次的，在朋友圈里常常读到您写给孩子的小诗。这可是很多母亲做不到的，甚至不屑于做的。这可是灵魂的陪伴啊!

家长:谢谢校长的夸奖。她写给我的信上说,要帮我撑起这个家,让我很感动。

校长:孩子有责任感,很好。对了,孩子接受一年多成长型思维的熏陶了,您在此方面对孩子的变化有什么体会?

家长:主要是自律性强了,主动学习了,爱上了学习,不再把学习看成压力了。

校长:能谈谈具体事例吗?

家长:年前腊月二十八解封,我就带她去我妹妹家看花,妹妹家是卖花的。妹妹家也有一个上高中的弟弟,她们姐弟对话我听到了。她弟弟问姐姐学习累不累。她说不累,感觉学习使她快乐,就说了学校里的各种学习方法,以及成长型思维,让她爱上了学习。她弟弟还问她学校管得那么严没压力吗。她说没有。很可惜,孩子们说的原话记不清了。就是孩子在你们学校没感觉到压力,会去主动学习。

校长:孩子考试名次有起有落,她在您的面前会有什么样的表现?

家长:这一点我感觉特别满足,自从到了高中接受成长型思维教育,孩子在考试过后,无论成功与失败,从来都很平静。考好时,她会说下次比这次还要好;不好时,她会总结经验。

校长:每次考试学校很重视培养学生自我分析的能力,并且设计了培养学生成长型思维的考试后自我反思的表格。这样会把学生的关注点引向自己哪里还可以提高上,而不是关注自己得了多少分数。哥伦比亚大学研究发现,脑电图显示处理同样的问题思维模式不同,脑波也就不同。脑电图显示拥有固定型思维模式的人对答案的对错非常感兴趣,对正确答案如何得出的毫不关心。拥有成长型思维模式的人以提高自己的知识水平为第一要务。因此引导学生考后思考什么很重要,培养学生思维模式很重要。

家长:感谢校长,把这么好的教育方式带到了雄安。孩子经常说,自己与自己比，行后与行前比，今天和明天比，这次和上次比。

校长：对，这就是成长型思维，也是我们的校训。

家长：孩子对学校的教育非常认可，一回家就告诉在学校发生的一些趣事。她经常说，高中没选错学校。感谢校长！

校长：也非常感谢婧婧妈妈，感谢您对学校教育的认可。我们齐心合力，一定会把学校的教育做到最好。

与学生对话 1：后来者居上，跳出自我卷入的泥潭

校长：若有，首先祝贺你在期末考试中取得了好成绩。

若有：谢谢校长。

校长：若有，这个学期你进步非常快，能谈一谈你的学习经验吗？

若有：主要还是心态问题和环境因素吧。

校长：能详细谈一谈吗？

若有：最初面对与初中不同的环境感觉压力很大，因为周围的同学都是高手。

校长：你因此把压力变成动力，也就是你很在意与周围同学们比。

若有：是的。

校长：实事求是地说，你这样学习焦虑吗？

若有：嗯，但是后来没有那种刻意的比较了，感觉压力小了。

校长：也就是说当改变心态的时候就轻松了许多。

若有：嗯，我感觉自己慢慢适应了学习环境。

校长：当适应了环境，成绩就开始逐渐提升。

若有：是的。

校长：还记得斯坦福大学引起世界关注的中等生心理实验吗？

若有：有印象。就是把一些中等生分成三组，一组与优等生比，二组自己与自己比，三组就是为了提高自己而学。

校长：最后的结果呢？

若有：最后的结果是后两组的中等生出现了逆袭。

校长：尤其是第三组这些中等生竟然很多考上了常春藤大学。

若有：校长，我明白了。但是我好像介于二、三组之间。有时还很在意比分数，虽然不与别人比了，但是常常还是把同学的成绩作为参照。

校长：若有，我们的校训是什么？

若有：自己和自己比。

校长：是啊，看来我们的校训层次还没有高度。当参照别人的成绩，自己与自己比的时候，很容易进入与别人比的怪圈。

若有：嗯！不过，我真的不是像以前那样特别在意了。

校长：没有完全逃离出来。

若有：我主要还是想看看自己的进步，就比如最初在数学学习上一直没效果，后来凭借老师的指导和自己的努力让数学学习的效果逐渐好了起来。这种进步对我来说更重要。

校长：当一个人在学习上有胜任感的时候，自然就会有内在学习的动力。

若有：是！以前看着数学头疼，现在兴趣越来越浓厚。

校长：若有，实事求是地说是否成绩决定了你的价值？考好了就认为自己有价值，考不好就很失落，认为自己什么也不是。是这样吗？

若有：最初是这样。

校长：因此这是你最初焦虑的主要原因。当你比不过别人的时候，你怎么想？

若有：当时有些沮丧，后来不管别人，只考虑自己有没有进步。

校长：若有，你很幸运，只考虑自己进步。祝贺你从自我卷入的泥潭中脱离出来，自我卷入即人生的价值总是依赖于特定的结果。比如有的同学认为只有考好了，自己人生才有价值，考不好就什么也不是。因此进入自我卷入中的学生在学习上总是处在焦虑之中。无论考试成绩好与坏，总是在患得患失的焦虑中度过。

若有：最初无论考得好与坏，我总是焦虑。后来您的成长型思维培训让我幡然醒悟，就开始自己与自己比。我认为考试成绩的好与坏仅仅代表了自己在这一时期的学习成果如何，并不能说明自己是一个成功者或失败者。对了，您说的"尚未"这个词对我们影响很大。一切失败都是暂时的，我只是"尚未"达到优秀的标准。

校长：当学习不是为了那些外在的指标，不是为了面子，你就不会把学习看成是一种负担，你对待学习就会淡定很多。你要学会掌控好自己的学习情绪，这一点至关重要。

若有：还记得您说过的数字，学习情绪在学习上所起的作用占59.2%。

校长：是啊。若有，是不是后来感觉学习上有越来越多的乐趣了？

若有：的确是这样。

校长：能说一说怎样找到学习乐趣的吗？

若有：找一科自己学得不怎么好的，刻意地努力提升自己，就会慢慢地找到乐趣。

校长：太好了，就是这样，真正的自主是有责任感的。虽然对某一学科最初不感兴趣，但是任何一科都很重要，因此学好每一科都是一种责任。真正的自主就是要承担重要的，但无趣的事。这是代表着你在学习认知上越来越成熟。若有，祝贺你在成长。

若有：谢谢校长！专心于自己的弱项，就和培养兴趣一样，从中慢慢找到学习它的乐趣。

校长：若有，假期中总结一下自己的学习经验，静下心来反思能提高自己元认知能力。

若有：嗯。

校长：元认知能力对学习效果的影响占40%，而智商仅占25%。在假期里好好总结一下。

若有：一定。简单总结就是：第一点让自己适应学习环境；第二点是稳住心态，从自己的弱项里面找到学习的乐趣；第三点是找一个学伴可以起督促作用。学伴我找的是和自己水平差不多的同学，一方面可以互相讲题、互相促进，一方面督促对方。

　　校长：学伴很重要。美国有一位心理学家把有色族裔学生按十个一组派到全国各个大学里学习。每一组学生之间联系紧密，都是亲密的伙伴。他们在大学里一起聊天，一起听音乐，一起吃饭，一起学习。这些组员最终的大学毕业率高达 90%，远远高于平均水平。有些组员学业成绩惊人，这对有色族裔来说简直是逆袭。

　　若有：学伴的作用真大啊，我的选择太对了。

　　校长：还有互相讲题作用非常大。心理学家约翰·内斯陶吉克做了一项研究，结果显示，需要进行讲授的一组研究对象，与需要就所学内容进行考核的一组研究对象相比，前者领会得更多、更深入。若有，仅仅是提出讲的需要就能提高学习成绩，更何况你们学伴之间要把对方讲明白。其实在想讲还没讲的过程中你就把知识在大脑中重新加工处理了。

　　若有：我明白了！

　　校长：若有，今天我们就先聊到这里吧。

　　若有：好的！谢谢校长给我的指点，让我更加坚信适应环境、调整学习态度、找好学伴的重要性。再次感谢您！

与学生对话 2：假期生活的有效安排

校长：牛牛，最近在忙什么？

牛牛：最近在练字和按照学校下发的暑假自主学习任务对高中的知识进行预习，浏览高中教材。

校长：每天的时间是怎样安排的？

牛牛：安排得很紧凑，但比学校里的作息时间略微宽松一些。

校长：高中与初中的学习生活有很大的区别，绝对不会轻松，有思想准备吗？

牛牛：嗯，有思想准备。通过这几天的学习，感觉到了高中知识陡然间变得多了，难度也增加了，如果没有对所学知识做充分的预习，可能会跟不上老师的教学节奏。

校长：牛牛，据我所知你这次中考是雄安新区状元。你最后能选择来博奥上学，我真的很骄傲。

牛牛：我对博奥的办学充满信心，在您的带领下，对我们进行的成长型思维模式培养一定会越来越好。

校长：牛牛，谢谢你的信任，更谢谢你父母的支持。

牛牛：您客气了。

校长：牛牛，详细介绍一下最近的时间安排吧。

牛牛：早上六点钟起床之后，先进行户外运动，强身健体。之后，背一背高中的文言文和英语单词。上午以练字（主要是汉字）和浏览高中教材为主，下午练习英语单词以及对上午基础知识的复习再巩固。晚上 9：30

进行半个小时的睡前检索和自我总结。校长，睡前检索真的很有帮助，正是因为在中考前的一段时间经常进行睡前检索，才使得自己在中考中取得不错的成绩。目前每天晚上几乎与在校一样，十点钟就睡觉。

校长：牛牛，给你点一个大大的赞！优秀是刻苦努力的结果；优秀成绩来自自律；优秀的成绩以有效付出为核心。

牛牛：确实，一般的同学在家中不如在学校有自制力，所以自己居家学习应该加强自我管理，把您的话记在心里了——假期放松莫放纵！

校长：牛牛，有到机构补课的打算吗？

牛牛：没有，我感觉自己居家学习也很不错。互联网那么发达，网课资源对学习特有帮助。

校长：是啊。去年毕业的优秀学生范子成，三年没有去过一次机构补课，他利用网络进行高效学习，最终考进一所 985 学校。其实自己在家学习是锻炼自我管理的最佳机会。

牛牛：是的。这些天我也有体会，在家也能学得不错。

校长：你的师兄王学扬今年是雄安新区高考状元，他每次都是利用假期进行自我修炼。

牛牛：我要向学扬学长学习，在假期中查漏补缺，补学习的漏洞。

校长：牛牛，再次为你点赞。学扬是我四十年教育生涯中遇到的最优秀的学生之一，他具有超强的自控力，我相信他未来一定能创造出令我崇拜的辉煌。

牛牛：学扬学长是我们学习的榜样，学习他的自控能力，以及上次他向我们分享的学习方法，我们受益匪浅。我也相信学扬学长未来一定会创造出人生佳绩。

校长：还有，我曾经给你们讲过一个事例。我在初中做校长的时候，有个名叫王磊的学生。中考结束后，他利用假期自学完成了高中一年级的英语、数学。后来在区一中学习，成绩始终名列前茅。高考以优异的成绩考取了军校，据说那一年那所军校在河北只招一人。目前，王磊在军校已经读完研究生课程。

牛牛：您的学生真的很厉害。可见利用好假期是成功的一步，利用假期锻炼自控能力也是不可或缺的重要内容。

校长：牛牛，我经常说假期不是学习的停止，只是换一种形式继续学习，或者拓展学习内容。比如说学一学下棋，学一学游泳等，但是知识学习还是最重要的。我相信你在这个假期也会安排好自己的学习生活，利用好这个假期修炼自己。把自己修炼成自控力如你师兄学扬，这样学习力自然就会大增。

牛牛：好的，我也相信自己可以利用好假期，塑造更好的自己。

校长：太好了！你很自信，我也相信你。你提到书法练习，这也很重要。据说各省高考状元答卷字如书法。在这里提示一下，希望你最初练习的时候临帖，这样见效快。

牛牛：对，汉字的书写在高考中也很重要。目前正在利用字帖练字，临帖是不错的选择，可以一试。并且练字也可以修养身心，陶冶性情。

校长：对啊！所有的出发点应该建立在提高自己上，如果仅限于高考这件事就有些狭隘了。还记得《哈佛前1%的秘密》一书中引起世界关注的心理实验吗？

牛牛：记忆有点儿模糊了。

校长：引起世界关注的对中等生的心理实验，在该书第47页。这本书在手边吗？可以翻看一下。

牛牛：嗯，记起来了。

校长：将一些中等生分成三组，第一组让这些中等生与优秀学生比；第二组屏蔽与优秀生比的负面信息；第三组屏蔽负面信息的同时，建立"学习是培养自我能力的有意义的经历"这一正面信号。最后实现逆袭的是哪一组？

牛牛：记得，第三组中逆袭的效果更明显。

校长：老师没有变，教科书没有变，试卷上的题依旧没有变。但是第三组竟然实现逆袭，第三组很多学生考取了常春藤联盟的大学。

牛牛：嗯，屏蔽负面信息很重要，认识到学习是培养自己能力的经历也如此。在学习中应该刻意练习，塑造这种能力。

校长：因此，学习是培养自己能力的有意义的经历。这样不为高考，但是可以赢在高考。这可是赢得人生的秘诀啊！

牛牛：嗯，我会好好体会的。

校长：牛牛，炎热的夏季，人很容易烦躁，越是这个时候，越是对人生一个极佳的历练。我相信优秀的牛牛会有效地利用这个假期历练自己，把自己打造成更牛的牛牛。

牛牛：嗯，心静自然凉，只要我能把心踏实下来，脚踏实地，再炎热的夏天也无妨。谢谢校长鼓励！

与学生对话 3：屏蔽能力决定你的人生

校长：还记得你那天分享的时候说过的一句话："是否学习，不以心情来决定！"当时我就被这句话震撼了！并且一下子印证了你的成绩始终保持在"状元"位置的深层原因。

家硕：学习是我们时刻应该做的事，应该达到"不以物喜，不以己悲"的境界。学习也如同吃饭睡觉一样，这是必需的事情！

校长：家硕，在平时考试中偶有失败，看到你波澜不惊的神态，总是不免有些为你担心，甚至有的老师不无忧虑地产生疑问：家硕是不是没有强烈的上进心？但是你总能不露声色地重整旗鼓，绝处逢生！仅凭这一点，就能注定你的未来不可估量！

家硕：其实我对学习一直是充满热情和信心的。但是，只有处变不惊，在失败的时候冷静地分析自己的得与失，才能一直保持良好的学习状态。

校长：家硕你身上有大作为的潜质。凡是人生有大成就的人，屏蔽能力都是超乎寻常的。祝愿你在以后的人生中不断修炼，把这种潜质培养成你的资质。

家硕：屏蔽能力？

校长：这是我在《哈佛前 1% 的秘密》中看到的概念，这个概念在你的身上得到很好的印证。这本书列举的大量案例，都证明了凡是在人生中有大作为的人都是屏蔽能力极强的人，他们不在乎外在的评价与诱惑；他们可以屏蔽一些负面的信息，一心一意做自己喜欢的事。

家硕：如果总用外界因素当借口，这样很容易使自己松懈下来。在学习过程中外界的影响是不可避免的，但这不能成为我们学习状态不佳的理由。

校长：假期里如果抱怨家里的学习环境不好，抱怨电子产品诱惑太大，甚至自怨自艾自控力差等等，这肯定会导致学习状态不佳，甚至荒废学业！

家硕：是的，在疫情期间，我没有找借口，而是把时间安排好，该学习的时候，就坐在书桌边学习。

校长：一个人的失败，是从找借口开始。还有，如果一个人经常想"同学是否对我好？老师、同学怎样评价我？别人看我是否太努力？我的成绩是不是让别人耻笑或者让老师失望？我的长相是否好看？"等等，这都是屏蔽能力不强的表现。

家硕：每天都是"始于学习，终于学习"，哪有时间想这些啊。

校长：在中国古代屏蔽能力最强的当属孔老夫子。"人不知而不愠""发愤忘食，乐以忘忧，不知老之将至"，看看这是多么强大的屏蔽能力。你不理解我，我不在乎；发奋的时候把年龄都忘了。

家硕：是呀，这就是学习的最高境界了。

校长：是啊！如果总受负面情绪干扰，就不能聚焦在学习上。聚焦能力很重要！

家硕：的确，学习是自己的事，也是时刻要坚持的事。

校长：如果学习掺杂着负面情绪，学习效果也不会好。那天你说出的"是否学习，不以心情来决定"很令我震撼，因为就我目前而言，很难做到。

家硕：校长谦虚了，其实有时我也难以避免。但我一直在努力！

校长：作为人师最大的希望、最大的幸福就是培养出让自己敬仰的学生。其实家硕你的潜质很好，在众多弟子中很少有这样大气的学生。遇到你这样的学生，真是我的幸运！

家硕：感谢校长的信任，我一定努力发展自己，争取做到屏蔽外界负面影响，时刻保持学习热情！

校长：你会的！

家硕：嗯嗯！失败中找到成长的机会。

校长：因为事实已经证明你有这个实力！即使考得不理想也会波澜不惊，屏蔽负面信息，聚焦在下一个挑战上。特别是你在处理语文成绩上表现得尤为突出，记得在测试之后你意识到有关诗歌的题丢分较多，你没有懊恼，而是将精力投入到改变中。

家硕：嗯，在老师的指导下，我进行了专项练习。

校长：专项刻意练习。

家硕：是的，认识到自己的不足就要花精力去改变。

校长：记得在很短的时间内你就"宣告"没问题了。当时我们都很高兴。

家硕：谢谢校长，校长和老师的关心也是我取得成绩的一大助力。

校长：不仅仅是成绩优秀的你，其他像你一样具有这种品质的每一位同学，都值得老师们格外关注！

家硕：你们费心了！

校长：这是我们的幸福！

家硕：这也是我的荣幸！我们的荣幸！感谢老师们！高中生活让我们有了一个清醒的认知：高考只是这个阶段的最终检测，未来的学习是要始终坚持的。

校长：是的，人生很漫长，高考不能完全决定人生。家硕，在平时的考试中偶有失败，你是如何屏蔽这些负面信息的？

家硕：我觉得要有这样的屏蔽能力，需要对学习正确认识。要明白学习是自己的事情，我们追求的不是成绩，而是获取知识的快乐。

校长：失败的时候，虽然有失落感，但这时候最不需要沮丧，而需要改变。

家硕：是的，失败是在提醒我们需要调整，而不是为了打击我们。

校长：当改变的想法变成行动的时候，自然就会把意焦放在学习上。家硕，虽然你在上学期间一直很优秀，但这么多年来有过负面的信息干扰吗？

家硕：失败是不可避免的，我也有几次考试发挥得不是很好。失败之后要寻找失败的原因，从内在和客观上找出漏洞。

校长：很多固定型思维模式的人，一次失败行为就能让他们升级为失败者的身份。从失败中找到成长的机会，这就是你总能站起来的原因。

家硕：其实失败恰恰是我们成长的契机，这也是符合您常常教育我们要有的成长型思维。

校长：太好了！家硕在最后还想分享一下你的学习小窍门——冥想。学会"冥想"，有助于建立知识体系。

家硕：我的冥想能检验出对知识的掌握程度，也能建立知识体系，还能提高抗干扰能力。

校长：今年准备全校统一时间，开冥想课，一定会把你的经验分享给每一位同学。

家硕：我一般是从某一个知识点出发，进行联想，这样可以建立起知识点间的联系，也能让我们在拿到题时迅速联想到需要的知识点。

校长：那怎样进入冥想？这是要找一个时间放松下来，然后联想？

家硕：可以每天找一个时间对白天学习的模块进行冥想，在安静的环境中更容易平静下来。我也会通过"布场"来使自己进入状态。

校长：太好了。我曾经任一所百年老校的校长，国家重要领导人王兆国先生是学校的知名校友，他就介绍过类似你这样的学习经验。从一个章节想起，想这章节知识点的逻辑关系。一点点地展开，想不起来就打开书翻看一下。

家硕：是的，这样既高效又合理，高效的学习方法都是相通的。

校长：高效学习都是有一定的规律的。

家硕：确实如此。

校长：家硕，最后，我还有一种担心。

家硕：担心什么呢？

校长：你被西北工业大学这所重点大学录取，大学里学霸如云，在学习上你的竞争对手越来越强大。不知道你该怎样应对？

家硕：我觉得学习不应该是为了战胜别人，也不是为了拿第一，学习的目的应该是提升自己，这样在学习时就能屏蔽掉很多不利于自己发展的负面因素。

校长：太好了。知道为什么学习很重要，不是为了争第一而学习，更不是为了考试而学习。你能深刻理解这些，我就放心了。

家硕：感谢校长关心。

与学生对话 4：你们的未来更精彩

紫茉：跟校长对话是我的荣幸啊，嘿嘿！

校长：更是我的幸运。我的经验是与学生微信对话时，他们会与我说很多知心话。有些话面对面不说，微信对话却能听到你们的真心话，我是不是很幸运？！

紫茉：我觉得能和校长说说我的真心话才是我的幸运啊！在学校与您说话时人太多了，我们都有些怯场。

校长：紫茉，快一年了，你在这个环境中学习有何感受？这是我最关心的问题。我一直在努力为你们创造一个好的学习环境。目前学校硬件环境难以改变，但我一直努力在学习软环境上下功夫，特别是在"让每一种教育行为都有科技含量"这方面。

紫茉：其实从一开始的时候特别不适应，但是后来我发现这里和别处不一样。我的内心世界在这里得到了丰富，我发现我总是在进步中。学习方法也不是那种一成不变的笨方法了，而是更加灵活、更加能变通的新的学习方法。当然，我也能看得出来，校长为了我们非常操心，为我们研究学习方法而读了很多书，然后耐心地传授给我们。校长的操劳，就是为了能够让我们以后有一个更美好的未来。

校长：大部分学生在小初阶段都是在用知识记忆方法（通常说的死记硬背），不仅仅是我国这样，在日本这种现象也很严重。因此很多优秀的初中生到了高中后就出现"伤仲永"现象。

紫茉：我之前就是用这种"固定型思维模式"记东西，感觉特别吃力，时常产生逃避背诵的想法。但是歌诀记忆法让我爱上了语文、爱上了背诵，让我背诵更加快，而且更加有趣了。

校长：我原本一直做初中校长，在那个时候就经常想一个问题，为什么我们送入高中的优秀学生，上了高中就不行了？当时很纳闷，甚至单纯地以为是因为到了高中阶段猛然间知识增多，学生的智力跟不上了。后来到了高中以后，我通过读书以及对一些学生研究才明白，是学生的学习方法到了高中没有改变的原因。

紫茉：很荣幸，能在我即将上高中的时候遇见了您，至少让我少走了许多弯路。我最初真的有些不适应，后来也才慢慢意识到，学习方法的改变并不会让我们学习成绩下降，反而会对以后有很大的帮助。

校长：歌诀记忆就是对记忆方法的改变，这里面还有具身认知（即具体化）的理论融入其中。死记硬背即知识记忆方法到了高中肯定不行，因此记忆就应该进入第二个阶段——方法记忆。你们用歌诀记忆法几乎把高中必背的古诗文都背过了，并且这种记忆方法遗忘率很低。

紫茉：嗯，现在我大脑中高中的古诗文的存储量很丰富，有不少学长学姐都被困住，但是我在九年级这不到一年的时间里，只用每周三四个中午那十几分钟的时间，已经背诵了许多篇目，我相信，在歌诀记忆法的帮助下，我一定能攻破文言文背诵这道难关。

校长：那天你们展示歌诀记忆的时候，高中的学姐学长非常羡慕你们。过去，很多学生在高一背过来的课文，到了高三就忘得一干二净。歌诀记忆法与具身认知理论相结合，记忆是很牢的，即使忘记了，用这种方法背诵也会很快重拾起来。

紫茉：对。我们当下在背诵新篇目的同时也在复习老篇目，我发现虽然有点忘记，但是再次利用歌诀记忆法还能快速回忆起来。

校长：用这种方法会越记越快，有体会吗？

紫茉：我有很大体会。记忆越来越快，越来越牢固。

校长：紫茉，谈谈你们这学期的睡前检索法。

紫茉：差不多每天晚上都会利用睡前检索法，检索这一天的学习内容，晚上躺在床上的时候，我就会按照今天的课程表一步一步检索，看看我今天都学习了什么，比如一道小小的题目，我会把它重新梳理一遍。每天晚上检索完以后我就会很开心，因为我得到了更多的知识，就像是"吾日三省吾身"。

校长：这收获应该是显性的，收获了开心，还收获了成绩，是吗？

紫茉：是，相同类型的题目基本上不会再错了，相当于双赢。

校长：这样就会给你持续的动力。

紫茉：对，睡前检索法让我获得更多的知识，让我也更开心，这样我就会越来越痴迷于睡前检索法，这是一个良性循环。

校长：做对了，有收获了，就会产生多巴胺，正是多巴胺的作用让你产生内在动力。紫茉，借今天这个机会，想问问你如何看待学习上的失败。

紫茉：之前的我在考试中如果有一点点失误的话，可能会号啕痛哭。那一段时间的学习状态都不是特别好，但是自从接触到成长型思维模式，我懂得不要去特别在乎失败与成功，而是去关注这一次我有什么收获，甚至失败也是一种收获，因为我知道了自己的不足。这样换一个角度看问题的话，内心就豁然开朗了。

校长：太好了。认识你的学姐陈诺时，她还在上初中。那是在我的一场讲座上，她起身主动回答问题。一场讲座下来，她竟然对成长型思维认识如此深刻。我感觉她思考问题有深度。你的改变令我非常欣慰，你对失败的认知也非同一般。你陈诺学姐目前成绩优异，相信你也会踏着学姐的脚印前行。

紫茉：我感觉陈诺学姐不简单，虽然说是一个理科生，但是语言组织能力方面也非常好。我一定会紧紧追随师长学姐的脚步，再创奇迹的。

校长：孩子，这不是天生的，你学姐语言表达的能力都是经过锻炼的结果，她非常努力。当然，她也博闻强识。愿你们学习学姐的勤奋刻苦，还有她强大的屏蔽负面信息能力。

紫茉：对，我一定会向她好好学习，加倍努力，并且屏蔽一切负面信息，关注自己的成长。

校长：尤其是后面这种能力，即使放假的消息来了，她也波澜不惊，非常淡定地对待学习之外的一切，因此才造就了出类拔萃的她——生活在我们这小小的县城，竟然在百校大联考的 8 万多名考生中获得季军。

紫茉：学姐真的是一心一意，非常专注。

校长：《哈佛前 1% 的秘密》你们都读了，一个非常明显的道理就是凡是有成就的人，都是屏蔽负面信息的能力极强的人。

紫茉：我也应该做到"不以物喜，不以己悲"。

校长：紫茉，你概括得太好了！特别希望你也这样，未来人生肯定会大有作为。

紫茉：谢谢校长。的确是这样的，如果在一次考试成绩下来以后，我聚焦在如何再提高上，那我也肯定会有很大进步。

校长：是啊！拥有固定型思维模式的人在考试过后，关注自己的分数；拥有成长型思维模式的人在考试结束后，关注自己在哪些方面还可以提高。这就是两种思维模式的不同。

紫茉：对，我现在已经学会这样做了，每次分析试卷不再关注分数的高低。思维方式决定了我的格局，我的格局决定了我的结局。

校长：对，非常有哲理。紫茉，还有一个问题问你，你即将选择高中学校了，你怎么想的？

紫茉：在一个拥有新的学习方法、新的思维教学模式，一个更适合学生学习的学校，我想也就只有博奥中学了。

校长：太好了，也就是我将陪伴紫茉未来三年的高中生活。太幸运了，对紫茉的信任感到幸福与欣慰。

紫茉：我为能受到校长思维模式的指导感到荣幸。

校长：实事求是地讲，目前在中国基础教育领域有效推进成长型思维模式培养的学校，我们博奥中学是走在全国最前列的。去年人民网、光明网相继对我们进行过报道。前几天应《教育家》杂志约稿写的《成长型思维模式如何在校园落地生根》一文，引起广泛关注。目前点击量十几万人次了。

紫茉：我很幸运能提前接触到成长型思维的熏陶，以及全新高效的学习方法。感谢校长！我还有一个小小的请求，到时候您送我一本即将出版的关于成长型思维的书好吗？

校长：一定赠给你。

紫茉：谢谢校长。

校长：我是2017年接触到成长型思维理论的，感觉特别好，因此辞职在家研读有关这方面的书近一年，并写了有关成长型思维的这本书。到了博奥中学后，我就立刻把这些已经在国外经过检验的先进的方法付诸实践。这两年来在这里的确很见效。尤其是你们的高一学长学姐身上，更加凸显了成长型思维模式培养的威力。

紫茉：他们的确都很乐观，学习上创造了许多奇迹，但是我相信我们会比他们更厉害！会创造更多、更大的奇迹！

校长：那天陈诺学姐的报告，处处体现着成长型思维模式。有感觉吗？

紫茉：有！太有了！无论是她的演讲技巧，抑或演讲中给予我们的方法都蕴含着成长型思维的理念。

校长：是啊！你们在初中就接触到了成长型思维模式培养，并且接触了脑科学知识，以及先进的学习方法的指导。就目前而言，你们超越了当年的学长学姐。

紫茉：我很幸运，但我更期待我的高中生活，一定更精彩！

校长：一定。

与学生对话 5：能飞就必须飞

校长：绍航同学你好！今天我们聊什么话题？

绍航：校长您好！聊升学的话题吧。

校长：好！关于上高中你有什么想法？首先无论你们选择去哪里我都支持！

绍航：以前在初中的时候，感觉高中教学一直是"衡水"模式，觉得压得喘不过气，其实到了这边发现博奥高中的教学比较符合我理想中的教育，特别是成长型思维模式的培养训练，感觉特别好。我听人们介绍过那样的学校，我也不愿意去那种学校，觉得逼得太紧了，太压抑，也太单调枯燥。

校长："让每一种教育行为都具备科技含量。"提出这个观点就是因为我非常厌恶那种一味恶意榨取学生精力的做法。有了科技含量这个前提，就是开发学生的潜力。但是我绝不是说让学生轻松学习，因为无数事实已经证明轻松学习是无效的。

绍航：嗯！一直轻松下去，会让懒意萌生，对以后成长也是不利的。没有轻松的学习，我们也不想轻松，而且还要不断付出艰苦的努力。但不喜欢那种被逼着苦读的辛苦。

校长：天上不会掉馅饼！幸福不是毛毛雨！但努力付出和快乐成长并不矛盾。没有付出就没有收获，当然，更无幸福可言。这样的道理很简单。我们年少上学的时候有一首这样的歌《幸福不是毛毛雨》，这首歌我至今还会哼唱。还有另一首歌《幸福在哪里》："它不在月光下，也不在睡梦里，它在辛勤的耕耘中，它在知识的宝库里。"这两首歌影响了我们那时青年的生活。尽管那个年代没有现在这样竞争激烈的考试，但是也都是拼命地学习。

绍航：我感觉有时候这种歌真的让人有一种积极向上的心态。

校长：是啊，为什么我们要唱成长型思维的歌曲？它可以起到激发内在动机的作用。

绍航：现在正是我们奋斗的时代，要靠自己的双手创造幸福，而不能因眼前的生活或学习压力而躺平。

校长：躺平肯定不是舒服的，反而更难受。人生最大的痛苦是"闲得难受"。人生还有被认可的价值感需求，当需求不能得到满足的时候，自然也是痛苦的事情。

绍航：就好像作业没写完就去玩一样，很难受。我还记得校长您举的这个例子。

校长：我经常提倡你们该玩儿该睡时就要心安理得地玩、心安理得地睡。

绍航：学的时候好好学，玩的时候好好玩，不能两者兼顾。

校长：两者相得益彰。心安理得的基础，是你努力刻苦疯狂地学习之后。

绍航：是的是的，每次认真完成作业后，都有一种轻快的感觉。尽管我们学习紧张，但大家都很快乐，不压抑。现在科技发达，需要脑力劳动的职位越来越多，而很多体力劳动的职位渐渐退出了我们的生活，所以更应该好好学习，而且要把目光放得更高更远。

校长：是啊！雄安的未来是一个高度现代化的城市，没有知识，工作的机会很少。特别欣慰的是你们这一届学生的心态、状态是我任教以来最棒的。

绍航：谢谢校长的认可和夸赞！我们会继续努力，做得更好！

校长：我特别希望陪伴你们走过高中这段生活，这将是我职业生涯中最幸福的事情。

绍航：我们也希望有您这样的校长在高中带领我们走向未来。感觉您真的是一个很亲切、很懂学生、很有智慧的校长！

校长：孩子，谢谢你！人生三大喜事，其中一喜是"得天下英才而育之"，你们这些学生是我的一个教育梦想——让学生能走的走，能跑的跑，能飞的飞。你们飞起来了！

绍航：不仅要飞，还要飞得更高更远！

校长：可惜，目前有些教育把可以飞起来的学生的翅膀折断了，让他们不能飞。比如，班级授课制、统一的教学计划、僵化的教学模式等，总是让大家齐步走。这样的教育对于想跑起来的学生、想飞起来的学生其实是一种折磨、一种伤害。

绍航：有道理！真的折磨人！有时候老师不讲就能明白，但是还反反复复讲好多遍，挺烦人的。我们喜欢分层教学。

校长：等你们到了高中后，将享受与高科技公司科大讯飞合作的红利。科大讯飞自主学习 AI 教学模式将在我们这里起步，这具有划时代的意义！它将成为你们的助推器。

绍航：太好了！

校长：我国教育也在渐渐发生改变。目前国内有 4 所知名大学面向高二学生招生。我想以后这样的大学会越来越多。

绍航：我们希望在高二参加高考！这样看来，我们的时间也就紧张起来了。

校长：去年你的学长学姐有三人在高二参加了高考。虽然没有考上中国科学技术大学少年班，但是他们都超过当年高考的重点线。当时我们学校在这方面没有经验，着手有些太晚。一年来，通过观察发现，你们这些学生的潜力都非常大！而且起步比学长学姐早，一定要让你们尽快飞起来。

绍航：嗯！我们也一定会努力，不负众望！

校长：特别可喜的是，通过这段时间的观察，发觉你们的心理素质也越来越强大！这方面通过两场模拟考试已经得到充分验证。这两天我也在反思，看来成长型思维模式培养入手越早越好！

绍航：是啊，原来的我考完试总是很沮丧，情绪很低落，现在虽然也有考不好的时候，但学会了总结和反思，学会了启动元认知，不光没有了之前的那种挫败感，而且发现了很多成长点，并且能迅速明确思路，有效把握这些成长点。

校长：每天看着你们的阳光状态、学习时的专注神情，心里特别舒服！常常梦想你们三年后的情景！陪伴这样的学生三年是多么惬意的事情啊！

绍航：我们一定会继续保持下去！一定会不断成长！校长，您放心。我们一定会创造奇迹的！就像歌词里的"当这一切过去，你们将是第一"。

校长：现在看来还有一点遗憾，就是你们大部分同学阅读量有些少，我在想你们考完后，设计一下你们暑假的阅读生活。恶补一下！

绍航：我个人比较爱看书，但都是一些史书或政治书籍，文学阅读量欠缺，暑假我就打算从这方面补一补。

校长：因为就目前的高考而言，阅读量低的学生太吃亏，其实理科试卷阅读量都很大。阅读量少，必然会造成阅读能力相对低一些。其实，不光是为了考试而读，书籍是人生最好的营养品，良好的阅读习惯有助于人们形成良好的品格和健全的人格。

绍航：毕竟高中要求阅读量，尤其是关于文学名著的阅读量很大，缺乏文学作品的阅读也让我在阅读理解中吃了亏。阅读，确实能让自己感到内心世界的丰富充实！

校长：因此，我想今年假期陪你们一起补上"阅读"这节课。这样你们到了高中就如虎添翼了。

绍航：太好了。谢谢校长！读什么样的书才能对于高中乃至以后有更大帮助呢？

校长：到时候，我提供给你们书单，你们自己选择。

绍航：哦哦，谢谢校长！

校长：我会侧重一些培养成长型思维模式的文学作品，不仅提高你们的文学素养以及阅读能力，还要培养你们的成长型思维模式。

绍航：那样的话真是一举两得。

校长：一石三鸟！三年后成长型思维模式培养不只是在雄安这土地上结果的问题。看着你们，我有信心在更大的范围内结出硕果！

绍航：我们肯定不会辜负校长的期望！

校长：你们的学姐陈诺最近在省联考中再次获得佳绩，进入前十名！并且又有一名同学进入百强。

绍航：学姐真的是太厉害了，我一定要向她学习！

校长：希望你们能超越你们的学姐！

绍航：早下决心，早行动，一定赶超！

校长：确实，你们起步较早，在同期已经超越你们的学姐了。我相信你们！

绍航：谢谢校长！我们也有这个自信！

校长：你们到了高中后，没有特殊情况不会再分班了，因为你们已经飞起来了，别的同学很难追赶上。前两天外校有个非常优秀的学生想来我们学校，愿望是进入你们的班级。当听说你们是已经飞起来的时候，他说将在假期追赶你们，争取进入你们的行列。

绍航：欢迎！"独学而无友，则孤陋而寡闻"，我们更有动力了。那教我们的老师会换成高中的老师吗？

校长：有实力上高中的老师跟进，我想你们飞得太快，更需要有高中工作经验的老师。到时候，学校会全面考虑。

绍航：嗯嗯，谢谢校长！但不管怎样，高中知识说到底也应该是自己悟出来才好。

校长：对啊！昨天与雪伊的对话，我一直在强调学习最重要的是调动自己的认知思维和积极的认知情绪。

绍航：记下了。

与学生对话 6：后来者居上之自我效能

校长：青青，首先祝贺你在期末考试中取得好成绩。老师们说你是这个学期进步幅度最大的学生。

青青：谢谢！多亏了各科老师的悉心指导。不然不会有这么大的进步。

校长：老师们付出是肯定的，但是最重要的还是你自己。

青青：嗯，临近期末，又紧张又期待。

校长：刚刚进入高中阶段，你的分数与同学们比相对较低。不知你当时怎么想的？

青青：我个人比较"乐天派"吧。

校长：那时候就下定决心来一个跨越式成长？当时分数可是差很多啊！

青青：我认为升学考试只是某一时期的结果，只代表那一时期，而且是"过去时"。未来的路很长，我从不放弃自己。

校长：好！太阳每一天都是新的。典型的成长型思维！

青青：我坚信自己早晚会找到适合自己的学习方法。

校长：也就是面对众多强手你没有气馁！

青青：对！

校长：给你点一个大大的赞！学习上有信心非常重要。

青青：升入高中，是结束，亦是开始。不惧过去，不畏将来。之前怎样先放一放，把未来的路多想一想。像咱们学校校训强调的，自己和自己比，就更有信心，更有动力。

校长：初中阶段成绩较低的原因是什么？

青青："木桶原理"没有利用好吧，初中那时没有把薄弱学科处理好。还有学习方法的问题，感觉效率不高。其实最关键的还是功夫。这是我最近才发现的。

校长：对。在高中阶段你能跨越式的成长，最主要的是你付出了很多。因为学习成绩的取得，努力是核心。

青青：嗯！

校长：当然还有重要的一点：你的自我效能感。斯坦福大学心理学家阿尔伯特·班杜拉发现：如果人们明知道自己可以完成一项活动，那么他就会更加积极主动地从事这一活动。

青青：的确。我在取得成绩的同时，心理上有了改变。对学习多了一些自信、勇气。

校长：是不是到了高中以后成绩上升使你越来越自信了？

青青：有了想尝试的"冲动欲望"。这是之前从来没有的。

校长：到了高中取得进步后，在学习上一定有很多积极体验。

青青：颇多！

校长：能说一下从什么时候逐渐有了这样的感觉吗？

青青：分班后的五六月份很明显。

校长：也就是进入历史方向以后？

青青：不自觉中会将一种方法用到多个科目中。

校长：哪一种方法？

青青：好比记忆知识点，我开始使用思维导图＋框架。1. 梳理思维导图（不是照抄）；2. 构建框架（单元下划分课，再划分类目）；3. 根据 2 补充知识点；4. 以 3 为模板背诵。这样形成"点—线—面"。

校长：把知识点框架化最实用。当知识形成框架以后，可以以不变应万变。

青青：对，在梁老师的政治课上深有体会。其实分班后，文科类的课堂多了，就会发现很多课堂都运用到了思维导图。

校长：看来你原本很自信，学习方法让你如虎添翼，因此实现了跨越式成长。我的总结对吗？

青青：精确！

校长：青青，还想问你一个问题，在学习上产生过"我能做好吗""万一搞错了怎么办""我会失败吗？我能学习好吗"等类似的想法与念头吗？

青青：人非圣贤，大家都感受过吧。不过，这些负面信息在我大脑一闪而过。说实话我现在这些念头都没有了。

校长：太好了！也就是越来越自信了。研究表明，这类想法和情绪会迅速侵蚀学习能力，妨碍短时记忆。如果这类想法过多可以彻底把人摧毁。青青，屏蔽负面信息能给人带来成功，由此你能想起哪一本书？

青青：《哈佛前 1% 秘密》。

校长：那段时间让你们读《哈佛前 1% 的秘密》，回想一下，其中的案例，那些人生有成就的人无一例外都是屏蔽负面信息的高手。看来，在假期里，你们应该再好好重读一下。

青青：真的应该重读，好好体验屏蔽负面信息的妙处。

校长：你跨越式成长的主要原因是对自己从没有放弃，从没有失去信心。虽然升学时成绩低于同伴很多，但是后来者居上。有时候学习并不是一味地付出，信心、方法很重要啊！

青青：确实！因为有信心，所以不放弃追求，在追求中寻求解决问题的方法。

校长：对。这就是自我效能感在发挥作用，自我效能又带来积极的情绪管理，积极的学习情绪又形成了强大的学习动力。实事求是地说，目前你的学习动力是不是比初中阶段要高很多？

青青：对！

校长：学习的主动性越来越强！

青青：升入高中就突然成长了。对未知领域总是非常感兴趣。

校长：学习成绩的提高使自己的胜任感越来越强——原来我也能学会，

我也能越来越好！

青青：方法对了，成绩来了，自信有了，学习劲头就更大了，这样产生一个良性循环。

校长：青青，再问你一个问题。学习是为了什么？

青青：进则为家国抛热血，退则为亲朋洒汗水。

校长：好！这正是我们应该有的境界和情怀。你学习目标站位层次高，在学习上越来越自主，自我效能感越来越强，这正是产生内在动机的三要素。这也正是你到了高中后内在动力不断提升的原因。祝愿青青内驱力越来越强大。

青青：谢谢校长！

校长：青青，聊一聊你最近的学习情况。每天的作息时间是怎样的？这段时间对自己的自我管理是否满意？

青青：6：00左右背诵基础概念＋练题；8：00—10：00补弱；18：00左右巩固＋练题。上午很满意。

校长：下午效率略低？

青青：相对来说，下午好像少了些激情。但我一定要调整自己的状态，绝不虚度假期生活。

与学生对话 7：成长型思维是积极情绪的良药

校长：雪伊，这次考试怎么样？

雪伊：我直言，这次数学考得不太理想。

校长：你如何对待考试？不会哭鼻子吧？

雪伊：不会了，哭也无济于事。

校长：以前会吗？

雪伊：以前会的。

校长：怎么发生的改变？

雪伊：我的成长型思维模式发挥了作用。

校长：据了解，目前你的同学里面还有因为考不好而哭鼻子的。

雪伊：但您没发现，目前这种情况少见了。

校长：其实也可以哭，哭也是情绪释放的一种方式。

雪伊：对，为不良情绪找一个出口。

校长：一个人的不良情绪如果不能排遣，会影响短时记忆，短时记忆是长时记忆的基础。从某种角度上说，人与人之间的成绩区别来自驾驭情绪的能力。失败很容易会产生消极情绪，但是这取决于你如何看待失败。

雪伊：对。我们应当积极地去看待失败。其实这还是思维模式的差异，成长型思维模式把失败看作成长的机会。

校长：太对了。换一个角度看考试失利——知道了自己对知识掌握得不足。这岂不是一个很好的事情吗？

雪伊：是的。考试失利，让我发现了很多成长点，这确实是很好的事，我为此感到幸运。我常庆幸，如果没有遇到成长型思维模式教育，不知我如今会是什么样。

校长：今天与你们的学长聊天还说，很多同学不通过考试，就不知道自己哪里不会。特别是一些同学在老师讲题的时候，一下子就明白了，懂了，就误以为会了，结果等考试的时候，还是不会。

雪伊：对，光听明白，还不是真会，还得会用。不会用的"会"是假会。明白了、懂了，只是会的一半。

校长：不是每一个人在每一件事上都使用成长型思维。比如有些人在学数学上可能使用成长型思维，但是在学习语文上就可能使用固定型思维。

雪伊：是的，我在学习语文的时候就使用成长型思维，但在有的学科的学习中，偶尔会冒出"我学不会"的念头。这就是固定型思维在作怪吧？

校长：是的，破解的方法就是要自信，在此基础上进行刻意练习，然后回顾自己的成长。

雪伊：深有同感。如果没有自信，那就没有后来了，如果有了自信却不去练习，那也不会有理想的未来。

校长：但是练习的方法一定要正确，否则训练后也没有好的结果。在学习中要经常进行自我检测，这是提高学习成绩的最佳选择。有没有这样做，学习效果相差很多。自测很重要，自测就是主动进行大脑检索。对所学的知识进行自我检索、复述、讲给别人听，如果能经常运用这三种学习方法，成绩一定会走向卓越。

雪伊：同学们最近的睡前检索做得不错。

校长：好，还要注意"讲给别人听"，不一定总当面讲给别人听，即使你在讲给别人听之前，默默地先讲给自己听，这与讲给别人听的效果也是一样的。

雪伊：确实，可多尝试自己讲给自己听。

校长：在日常学习活动中，老师、同学应该多创造一些这样"讲给自己听""讲给别人听"的机会。比如说，老师可以在课上这样布置任务：同学们，这个知识点给大家考虑时间，一会儿你讲给同学们听听。

雪伊：在准备讲给同学们听的时候，就是要把知识加工成自己的语言表达出来，如果能站起来讲给全班同学听，就相当于把知识又重复了一遍。这样一定会加深记忆，加深理解。

校长：当然站起来讲的机会不多，但是在准备回答问题时，一定要在大脑中组织语言，这也就是讲给自己听的过程，就产生了"讲"的效果。如果认真聆听同学讲，也是把知识再重复了一遍。这就不仅仅是那个站起来讲的同学受益，大家都是受益者。长时记忆是知识被重复的结果。

雪伊：听同学讲，可以弥补自己的逻辑漏洞，可以扩展另一种思路，当然也可以发现别人的问题，警醒自己。

校长：对，太正确了。

雪伊：一年来，我感觉最大的收获就是对科学学习的了解和运用。人的一生都要学习，如果一直没有科学的学习方法，是很可悲的。

校长：学习就要积极思考，这样才可以进入深度学习的层次，思考是一项很有意思的活动。

雪伊：时时都是思考之时，但有时思想无法控制，上课经常走神。

校长：因此在课上思绪天马行空的时候，还需要专注力。

雪伊：专注力？这个可以训练吗？

校长：当然可以训练。其实这也是自控力的一种表现。"既然教育者已经意识到自我控制对预测学生成功的重要性，那么教师就有责任帮助学生发展自我控制能力。自我控制是学生高效学习的基础。对教师而言，观察到这么多的学生在努力地集中精力以达到学习所需的专注水平，却继续只对他们进行学习成绩的干预，这几乎是不道德的。"雪伊，还记得这些话吗？可见自控力培养应该是学校的核心工作。

雪伊：记得，一层大厅屏幕上展示了很长时间，我印象深刻。

校长：自控力训练非常有必要。我们学校自控力训练八法，写日记、冥想、吃好早餐等都在进行中。

雪伊：这是一件值得高兴的事，我们已经在做了。

校长：在学习中还有一点非常重要，就是做题。考试不仅仅是考你会什么，还要考你的答题速度。做题是提高答题速度的好办法。

雪伊：您说到我的心坎上了，我就是写得慢。

校长：但是如果只顾做题，成绩与付出也不见得成正比。

雪伊：如何让它成正比？

校长：有时候特别需要回头看，分析一下自己为什么做对了。考试后或者做题后，不仅要关注错题，更要关注做题时有些难题通过你冥思苦想终于破解的过程。

雪伊：大概这就是复盘。

校长：对，就是复盘。为什么当时那样思考？我是怎样思考出来的？对于自己不会的，思考为什么没有从那个角度切入？这就是在培养元认知能力。元认知在学习上起着非常重要的作用。

雪伊：我一定要好好培养自己的元认知，好好用。

校长：一定要有意识地培养自己的元认知能力。可这也是经常被忽略的。学习不是一味地刷题，要讲究方式方法。科学学习事半功倍。

雪伊：确实，一年来，我们不断享受到这些科学学习的红利，内心无比喜悦，并更加坚信科学学习的力量。

校长：尤其到了高中阶段，如果不讲究科学学习，一定会事倍功半。很多同学到了高中后成绩一落千丈，因为单凭努力是远远不够的。

雪伊：通过学习高中课程，我越发觉得，高中所需的科学学习方法远非初中所比。如果不注意讲究学法，可能使自己丧失自信。

校长：学习必须努力，但不是努力就有结果，常常有些同学学得很苦，但是成绩却不理想，有的咬牙痛苦地坚持，有的无可奈何地选择放弃，这就是学习上的悲剧。我有一种责任感：让同学们学会学习。为此，学校还专门成立了师生共同参与的"科学学习研究团队"。近年来大家一直致力于学习方法脑科学学习与实践，目的只有一个——让学生学会学习。

雪伊：特别感恩您。

校长：不敢说，要把你们从苦学中解放出来，但刻苦努力是学习活动的关键，轻松学习是无效的。正如《有效学习》中所讲："当'需求'超过了大脑的'供给'，我们就会构造新的神经结构。"因此，思维上的"挣扎"很重要。

雪伊：是啊，哪里有轻松的学习！

校长："不经一番寒彻骨，怎得梅花扑鼻香。""宝剑锋从磨砺出。"一是要重视过程，尊重并经过"磨砺"；二是要讲究科学，"磨砺"得法；三是时刻体验这种"磨砺"带来的精神、情绪方面的愉悦，收获成长的快乐。这些都是博奥高中成长型思维模式培养系列课程的精髓。

雪伊：确实，感谢校长。近一年来的学习尽管紧张，但感觉越来越好。

成长型思维案例 1：打破思维禁锢，助力成长

　　　　固定型思维模式更关心别人如何看待自己，成长型思维模式让你更关心如何提高自己。

——崔小英

　　很长一段时间，我被这样的问题困扰：

　　1. 当你有时间提升自己的时候，为什么要浪费时间一遍又一遍证明自己的杰出？

　　2. 为什么要掩饰自己的不足而不是去改变它们？

　　3. 为什么要找那么多只能保护自己自尊心的人，而不是那些可以促进你成长的人作为自己的朋友和搭档？

　　4. 为什么要去做那些自己屡试不爽的事，而不是去挑战一些可以提高自己的事去做？

　　看着这四个问题，总是有种似曾相识的感觉，这些或者是我身上的痼疾，或者是我身边人的顽症。为什么有些人如此专注于证明自己的能力，而有些人却不在乎这一点，他们仅仅热衷于学习？答案是两种不同的思维模式：固定型思维模式和成长型思维模式。

　　固定型思维模式：相信自己的才能是一成不变的。

　　成长型思维模式：基本能力是可以通过努力培养的。

爱上错题——王笑阳

订正英语试题的时候，别的同学会感到乏味和枯燥，你则完全不同：双眼绽放着求索的光芒，像一个淘金者，在寻找埋藏在一堆错题里的属于你的知识宝藏。做错的题我要求用红笔修改，有些同学觉得红笔太刺眼了，自己的错题太突兀。你则不同，不仅用红笔修改，还在旁边用红笔备注出错的原因，并另备错题本，把自己的思考过程和获得的新知识写满。你似乎爱上了错题，一见到它就好比嗅到了成长的味道，不在乎面子上自己错了多少道题，不在乎同学们如何评价自己，更不在乎别人眼中"错题"是失败的代名词。你只管快些弥补自己知识体系的漏洞，你只管快些捕捉到新的知识，你只管思考错误带给你的兴奋感，所以你用成长型思维模式面对错题，迎接它，拥抱它，所以你战胜了它，并且以它为垫脚石，迈向成长的阶梯。

感悟：

当我们还是婴儿时，开始学习最难的两件事——说话和走路。我们从不会担心自己犯错误或者丢脸没面子，我们向前走，摔倒了再站起来，在摔倒中、在犯错误中储备了知识，提升了能力。

曾在一个实验中发现：在错题面前，拥有固定型思维模式的人只有在被告知答案是对是错时注意力集中。在告知答案后，拥有固定型思维模式的人便失去了兴趣，而拥有成长型思维模式的人高度关注问题背后的原因，并不断提高自己的知识水平。

固定型思维模式让人更关心别人如何看待自己，而成长型思维模式让人更关心如何提高自己。

爱上挑战——赵俊然

我总在寻找你一直把数学试卷答满分的原因。今天看到你来找数学老师，才知道其中的奥秘。同样是问题，你和别人不同。第一，你问的题都是需要运用综合知识才能解答的拔高题；第二，你每次来问问题都是有备而来，把自己长久思考而不解的疑惑和盘托出，希望得到数学老师的点拨。这些被同学们称作五星级的题好多同学选择忽略，选择放弃，美其名曰"放过自己"。只有你，爱上挑战，喜欢和它们较劲，哪怕一小时，哪怕十小时，你都可以沉浸其中，哪怕不眠不休也乐此不疲。恰恰一个"乐"字，让你享受着挑战的快乐。你不怕挑战，落败而归不会让你失去面子，失了自信，正是因为走在向一个又一个难题挑战的路上，你羽翼渐丰，铠衣渐增，这让你在学习的路上披荆斩棘，所向披靡。

感悟：

小时候玩拼图时，有人总是拼同样的简单拼图，有人则是选难的拼图。选难的拼图的小朋友甚是不解："为什么会有人愿意一遍又一遍地拼同样的拼图？"

这也是拥有固定型思维模式的人不肯迎接挑战的原因。因为只有这样才能够确保自己的成功，他们认为聪明的人应该永远成功。但拥有成长型思维模式的人则认为成功意味着拓展自己的能力范畴，意味着变得越来越聪明。

爱上举手——朱鑫彤

教室里开始静默了，一到深入学习思考的时候，教室里就会变得静悄悄，很多同学保持缄默，不思考，不发言，只等待，似乎沉默是最好的自我保护。唯有你，在深思有结果时，在思考有质疑时，就算毫无收获一头雾水时，也一定举起手，问原因，提质疑，深思辨。如果回答错了，你只是微微一笑，不在乎别人的眼光；如果对了，你也是一笑，这笑容里都是满足。就是这只打破沉默的手，打破了你思维的藩篱，让你冲出阻塞，勇敢向前；就是这只勇敢的手，让你带着疑惑举起，满是收获放下，一收一放尽展风采；就是这只专注的手，把注意力放在思考本身，才让你每天满载而归。

感悟：

一个七年级的小姑娘说："大部分同学如果不确定答案，是不会举手回答问题的，但我就经常举手，因为如果我错了，我的错误就可以得到纠正。"

这个七年级小姑娘一语道破，不举手是源于怕失败，怕其他人的评价，这是典型的固定型思维模式，因为它限制了你的发展。而举手了，是对知识本身的关注，是深入思考，心无旁骛，追求真知灼见，是追求成长本身。

爱上学习——彤彤

你今天很早就把作业写完了，不到八点钟开始背诵政治科目，口中念念有词，精神高度集中，就连小妹玩玩具的嘈杂声都被你自然屏蔽，效率极高地完成了背诵任务，然后是地理、生物科目。夜色渐浓，困意来袭，你看了看时间，颇为不舍地说了句："时间太晚了，不知道还够不够背背历史。"说着拿起历史书背起来，不一会儿听到你欢呼雀跃的声音："没想到，这么快就背下来了。"看着你如此投入的学习状态，如此快乐的学习过程，恭喜你，找到了学习的意义和价值，爱上了学习本身，只有真正地对学习内容产生兴趣，才能在学习的路上越走越远。

感悟：

在香港大学里，英语的使用非常普遍。有机构在新生报到时做了一个调查，问学生："如果学校为需要提高英语水平的学生开设一门课程，你会不会参加？"同时问他们是否认同以下两句话，以此判断学生的思维模式：

1. 你具备一定的智力水平，但你很难做些什么去改变它。

2. 你在任何时候都可以从根本上改变自己的智力水平。

　　拥有固定型思维模式的学生大多选择了放弃，拥有成长型思维模式的学生则大多选择了参加。拥有成长型思维模式的学生抓住了机会，参加了英语学习课程，但那些拥有固定型思维模式的学生不想暴露自己的不足，为了在短时间内看上去聪明，他们拿自己在大学里的前程去冒险。

成长型思维案例 2：直面批评，直击心灵

> 拥有成长型思维模式的学生即便感到课程极有挑战性，依然保持浓厚的兴趣。对他们来说，挑战和兴趣相辅相成。
>
> ——崔小英

子童：

你是我眼中十分典型的孩子，对于错误常犯常改，常改常犯，像车轮一样轧在同样错误的辙上，周而复始。

比如今天你的英语领读，我叫你带着大家读单词的时候，要有英语的轻重音，不要唱读，要有节奏感，不要拉长音，这个要求提了两百多天，就在昨晚还和你说这个问题。清晨，依然没有琅琅书声，同学们有气无力地跟着你唱读英语，你自己还一副无能为力的样子。明明是错的，我不知道你还死死坚持着什么。一气之下，我说："明天你不能改了这朗读的毛病，就不用你领读了。"说出口便觉得唐突了，怕你难堪。结果呢，你一下子向椅背一靠，头点得像鸡啄米一样，一副"确实如此，谢谢老师高抬贵手"的样子。

我愣在了那里，不禁思考是什么让你在面对批评时"心悦诚服，只求放过"，难道你从没想过，你放过了它，就放过了一次改正错误、自我成长的机会？它又怎会放过你？

感悟：

俄罗斯芭蕾舞教师玛丽娜·谢米诺娃在挑选学生时，选择那些能从批评中获得能量的人。拥有成长型思维模式的人在面对批评时，觉得机会来

了，在拓展自己的过程中感到兴奋不已。而拥有固定型思维模式的人只有在事情尽在自己掌握中的时候才有这种感觉。一旦批评来临，就会感到沮丧和挫败。如果事情变得具有挑战性，便轻易选择放弃，惧怕尝试带来的失败，因为那样就显得自己不够聪明了。

在班里，我介绍了两种思维模式的不同，也分析了固定型思维模式者的内心恐惧，"怕失面子，怕被嘲讽，怕失败，怕被定性为不聪明"，最根本的问题是他们以一次失败论英雄，一次测试论智商，一次表现论短长，一次批评论得失。其实人生处处是考场，考过了这次，明天还要继续，就看我们能从前一次的考试中学到什么。"今天，我成长了吗？""失败，是我的成长契机吗？""批评，是我的成长暗号吗？""挑战，是我的成长天花板吗？"这就是拥有成长型思维模式的人藏在心中的秘籍，他们的成长恰恰藏在拥有固定型思维模式的人所惧怕的失败与批评里。

第二天，我想那个暗自庆幸远离批评的你定会"自我卸任"，不再领读了。令人兴奋的是，走进教学楼便听到你铿锵的声音，带领全班来了个颠覆式朗读，声音洪亮而干脆，轻重缓急，张弛有度，不知是为了配合轻重音节，还是加强语气，你的头有规律地点着，全身有节奏地晃动着，居然让我看到了你敢于挑战的勇气和直面批评的淡定，也许，这便是你的成长。

感悟：

在学习中，课程越难，固定型思维模式的人越要强迫自己学习，强迫自己为了考试而努力读书。他们很疑惑明明以前对这一学科也很感兴趣，但如今它难了，一想到这一学科就会感觉不舒服。是因为他们选择了成功而不是成长，只有成功能证明他们特别，他们高人一等，他们一直为证明自己不一样而学习，一旦失败了，便认定自己样样不行，全盘皆输。

相反，拥有成长型思维模式的学生即便感到课程极有挑战性，依然保持浓厚的兴趣，对他们来说，挑战和兴趣相辅相成。

如何区分这两种人？我们可以注意观察，他们是从已经做得很好的事情中获得乐趣，还是从困难的事情中获得乐趣。

成长型思维案例 3：博奥高中如何实实在在发展

　　培养成长型思维，赋予学生一生快乐奔跑的能力。自 2020 年暑期末起，博奥高中有效地将被誉为"全球对教育最好的研究成果"——卡罗尔·德韦克的"思维模式的力量"引入教育教学实践，通过对师生深入持久的培训活动和成长型思维模式培养系列课程的开发与实施，成长型思维模式培养理念逐渐落地生根，博奥高中实现了实实在在的成长。

　　一、成长的心态使大家更加自律。

　　每个人都有积极性向上的追求，当大家都关注成长，坚信成长，看到自己的成长的时候，就会表现出积极的自觉自律。两年来，博奥高中课间安静了，从教室到办公室没有了以前的喧哗；学生课上专注了，走遍几十个教学班，上课没有走神溜号的；食堂就餐文明了，一日三餐，不管老师还是同学都真正做到食不语、吃干净……任何时候走进博奥高中你都会被师生那种紧张安静的教学氛围感动。一年多来总有外省市的教育专家、校长来访，他们在赞叹之余就是不断地拍照、询问。

　　二、成长型思维模式，使师生更关注于过程。

　　成长型思维模式培养理论认为："成长比分数更重要。""智慧是过程的结果，而不是遗传学的礼物。"重过程强于重结果，重努力胜于重完美，重挑战敢于走出舒适区，已成博奥高中师生的行动准则。在日常教育教学活动中，老师同学比较忌讳的一个词是"聪明"，很少听到老师或同学评价某人"聪明"，更多的是欣赏别人的努力，体验深度思考练习的过程。在学习过程中，同学们大都有意识地追求思维"挣扎"的感觉，课代表催交作业常用的口头禅是"大家再'挣扎'一番，然后把结果交给我"。在博奥任何形式的考试评价都会找出成绩背后的过程。关注过程使大家更有成就感、胜任感，更能体会到学习思考的快乐。

因为重视努力、关注过程、聚焦成长，这使大家对脑科学、认知规律的研究与实践更感兴趣，进而更主动地去践行博奥高中"让每一个教学原则都具有科技含量"这一治学原则。在博奥，教师的案头必有《认知天性》《有效学习》，学生的枕边常有《学习之道》《考试脑科学》。"睡前检索""分散练习""狮子记忆法""专注与发散""构建思维模型"这些充满科技含量的认知行为已成学生的习惯。在博奥，没有厌学的学生。

三、成长型思维模式，使师生更能够善待失败。

正如摩奴·卡普尔教授所言："失败具有隐藏力，失败驱使学生去深入思考问题的本质，而这样做的价值远远高于只得出正确的答案。"失败是进步过程中的成功。博奥师生以此为信条。面对失败，大家常挂在嘴边的解嘲词是"到目前为止……""尚未……""暂时还……"，而且还把失败分为"进步型失败""提高型失败"。每次大型考试后的"失败周"活动，是博奥学生快速成长的阶段，黑板上常见的标语是"美丽的失败""找足找齐成长点"等。以前常会见到有女同学抱着老师哭。问："怎么回事？"答："要考试了，太紧张。""没考好，委屈，难过。"近两年，这种现象再也看不到了。

四、成长型思维模式，使博奥高中实现了跨越式发展。

博奥高中很年轻，但近两年发展很快，办学声誉越来越好，影响力越来越大。高考成绩连续两年高居雄安榜首，基础年级联考成绩稳居保定地区前列。一年多来有十四位老师在国内省级专业期刊发表了专业论文；有七名教师应邀到天津、山东等地多所学校做成长型思维培训讲座；光明网、《教育家》杂志等多家媒体刊载博奥高中成长型思维模式培养的经验。

近两年来，先后有北京、河南、内蒙古、天津、山东、海南等多地县区教育局领导、校长来校参观考察，并对博奥高中的办学理念，办学成绩给予极高评价，对成长型思维模式培养产生极大兴趣。

三　培养成长型思维，
需要摒弃功利心

　　德韦克长达数十年的"成长型心态"研究表明，专注于过程而非结果的教学方法能够大大增加学生全面发挥潜能的机会，此概念在教育界影响深远。成长远比成绩更重要！

　　欲培养孩子的成长型思维模式，首先要改变老师、家长的某些不当的育人模式，如急功近利、恨铁不成钢、盲目攀比、随意断言、空洞赏识、过分帮扶乃至挟持等。既要尊重孩子认知水平的局限，又要相信孩子的能力潜质；既要给孩子留足自我发展的空间，又要提供必要的支持引导；既要帮孩子设计进取路径，又要学会耐心等待。

记问之学，不足以为师

我国在古代就一直反对学生死记硬背，因为那样学知识毫无意义可言。

子曰："诵《诗》三百，授之以政，不达；使于四方，不能专对。虽多，亦奚以为？"（孔子说："读了许多书，让他处理政事，却处理不好；让他搞外交，却完成不了使命。这样的人，书读得再多又有什么用？"）孔老夫子在此强调学知识的目的就是用。不能用，学的就是"死知识"。

子曰："吾与回言终日，不违，如愚。退而省其私，亦足以发，回也不愚。"（孔子说："我曾整天同颜回谈话，他从不反驳，像笨人。后来观察，发现他理解透彻、发挥自如，他不笨。"）孔老夫子对颜回盛赞的原因——能活学活用，而不是死记硬背。

目前我们教育的现状有着这样那样的问题，现行的教育培养了一大批"知识搬运工人"。

有一天早自习，我在教室过道里发现一个小女孩在非常专注、非常投入地背什么，与她打声招呼，好奇地问她正在背什么，这小女生说是生物。我接过孩子正在背的试卷，问她正在记忆的内容表达的是什么意思，孩子摇头说不知道，只知道这是正确答案。

孩子在像记电话号码一样背题，没有弄明白所记的内容，像这样跟上了教学节奏的意义是什么？

有一天去听历史课，这一节课节奏感鲜明，教学目标显而易见。在老师的带领下，学生把本节课教材内容几乎都能背下来。

中国有个成语：以史为鉴。我不清楚学生上完这节课后，通过对历史知识的思考，能对今天自己的生活、对当今社会做怎样的理解？

培养成长型思维的必要条件是什么？

2009 年丹麦政府发表声明：全国性的考试中向所有学生开放互联网。这一措施绝对不是在考学生网上搜索的能力。这样对教师如何处理教材有了更高的要求，如果老师在课堂上再去给学生讲述"地球人都知道"的内容，是不能胜任教学工作的，因为老师的知识再多，不如学生去"百度"。这印证了《学记》里这样一句话："记问之学，不足以为师。"

"这个时代看重的是孩子们能做到的事情，而不是他们所知道的事实！"（《为孩子重塑教育》）

这不仅是时代的要求，也是培养成长型思维的必要条件。如果学生以思考者的身份去学习知识，探索知识，探索社会，审视自己，他一定会体验出自己在学知识过程中的成长，并从中获得快乐——"学而时习之，不亦说乎？"否则学生就是一个容器。

在学习知识中既有快乐，又能体验成长，这必然能培养出成长型思维模式。

减负，不只是减轻学生脑力与
体力上的负担

减负这个话题近几年被重提，有人将减轻学生作业负担作为解决教育问题的灵丹妙药。这种想法以偏概全了。

二战期间，美国的战斗机执行任务安全回来的概率仅仅略高于50%，指挥官们意识到必须给飞机装装甲，但是为整个飞机装装甲，会导致飞机不灵活。指挥官们欣慰地发现，损伤的模式十分清晰，大部分飞机的机翼和机身上都密布着弹孔，驾驶舱和机尾则保持完好。随着这项调查的继续，这种模式也越来越明显。

空军指挥部提出了看似完善的解决办法：在飞机布满弹孔的位置加强装甲。既然这些位置被子弹集中攻击，当然就需要加强防护。这是容易想到的常规思路。对军方领导人来说，这就是在炮火中保护勇士们的最佳方案。然而，数学家瓦尔德在这项工作中担任专家组成员，他提出了反对意见。他意识到，指挥官们忽视了一个关键问题。他们只看到了安全返回的飞机，却没有考虑到那些没能返航的飞机。那些飞机早已被击落坠毁。

弹孔的分布情况显示，机舱和机尾不需要装甲，因为这两个位置压根没被打到。而事实上，这两个位置不是不会被攻击，而是一旦遭到攻击就会导致飞机直接坠毁，因此这两处才是整个飞机上最脆弱的部位。正确的结论是，返航飞机上弹孔的分布状况，显示了飞机上哪些位置是经得起攻击、在受到攻击后仍然能让飞机平安返回的。这些飞机能回来，正是因为它们的机舱和机尾躲过了子弹。弹孔密集的部位绝非需要加强装甲的部分，反而恰恰是最不需要装甲的地方。

这个案例给人的启示是什么？解决问题不能停留在事件的表层，我们所看到的问题，也许恰恰不是致命的缺陷。

因此减轻学生的负担，不应该停留在减轻脑力与体力上的负担。学生爱学了，会乐此不疲。牛顿因为很投入地研究忘记吃饭；孔老夫子"发愤忘食，乐以忘忧，不知老之将至"，甚至"三个月不知肉味"。按这种状态来衡量现在的学生，这负担够大的了！

深层的问题是具备成长型思维的人喜欢挑战，这种思维为身心俱疲做好了充分的准备，正因为有了这个准备才会坚持。因为坚持不懈才获得了成长，体验到了挣扎后坚持过来的喜悦。当这种坚持成为习惯，自然就会距离精彩的人生很近了。

培养学生成长型思维非常重要。在教育学生上，如果面对问题，仅限于头痛医头，脚痛医脚，还是不能从本质上是解决问题的。

学习不在速度在深度

某天夜里，当曾国藩正在反复背诵一篇文章的时候，屋外来了一个小偷，这偷儿躲在屋檐下，想等到年轻的读书人熄灯就寝后，就溜进屋内偷东西。

可是小偷等了很久，就是不见熄灯，只听见屋内的读书声不断，一直背诵着同一篇文章，声音却依旧结结巴巴。小偷在屋檐下等了一个多时辰，等到脚酸眼花头也昏，心中火冒三丈，终于忍不住跳进屋内，对着年轻的读书人大骂："你这种水准，读什么书？我听你念了三遍就能背出来的文章，你背了一个多时辰还背不出来吗？"说完，还当着读书人的面，流畅地将文章背诵一遍后才扬长而去。

这件事也许是讹传，但是很多名人大家肯定不是我们当今课堂所要求的那样：又快又好！比如说数学计算，课堂上老师经常说，看谁算得又快又准；作文比赛比的是倚马可待，在规定的时间内写完。

故事中的曾国藩这样的水准，即使再努力也肯定跟不上目前的教学节奏，跟不上节奏就会自我放弃或被淘汰，这样就一定会诞生一个"后进生"，"后进生"的未来希望就会渺茫。

过度地强调学习速度，这是刻苦学习的天敌。这样会杀死千千万万有曾国藩这样潜质的学生——因为学习不在速度在深度。

追求速度的目标无非就是让学生学得更多。《学记》有这样一句话："学者有四失，教者必知之。人之学也，或失则多，或失则寡，或失则易，或失则止。"学得太多，排在"四失"之首。食多嚼不烂，囫囵吞枣，这样的学习意义是什么?

劳伦斯威尔中学一直被公认为是美国精英私立高中里最优秀的学校之一。十多年前，学校针对学习核心科学课程的学生进行了一项实验。

暑假之后，学生回到学校，被要求重新做一遍3个月之前的那份期末考试试卷。实际上，这份试卷是期末考试试卷的简化版。老师已经事先将细节问题去掉，因为他们认为时隔几个月之后，学生不会记得这些细节。

两次考试的结果令人瞠目结舌。6月份学生进行期末考试时，平均分数是 B+(87%);等到9月份重新做简化版试卷时，平均分数只有 F(58%)，没有一个学生能记住课程的全部重要知识点。

这次实验之后，劳伦斯威尔中学对课程教学进行了彻底整改，减少了近一半的内容，以强化更深层次的学习。

随后的一年，学校再次进行了同样的实验。这一次，结果令人满意得多。(见《为孩子重塑教育》)

若干年后那些从劳伦斯威尔中学走出的学生中，一定会有大师诞生。减少一半的内容，带着学生向更深层次的学习迈进，一定会培养出学生成长型思维模式。

目前我们的教育一定程度停留在功利化的层面，教育教学在追求多、快、好、省。这恰恰是让学生形成固定型思维模式的原因之一。

2019年中国在世界 PISA 考试中，虽然又赢得了第一的好成绩，可惜的是在成长型思维模式测试中，我们的学生低于世界平均水平。

按照卡罗尔·德韦克成长型思维的研究成果去衡量，那些屹立在世界之林的大师无一不拥有成长型思维模式。

我的名字是"傻子"

这是发生在我身边真实的案例，也许这样的人就在你身边。老师一句玩笑话，塑造了一个典型的固定型思维的人，孩子年龄越低影响越大，后果不堪设想。这种玩笑开不得啊！下面是我听到的一个故事。

　　我的大名叫张开智，在我出生的时候，有文化的三爷爷给起的名字，希望我长大以后成为一个开明有智慧的人。但是这个响亮的名字，在上小学一年级的时候即被"傻子"代替了。

　　记不清是什么原因了，班主任李老师上课叫我"傻子"，下课同学就开始称呼我"傻子"了。彪悍而没有文化的奶奶听大家都喊我"傻子"，问清原因，冲进校门，找李老师理论。这下可热闹了，我"傻子"的名字本来是同班同学叫的，一下子传遍整所学校，乃至整个村庄。"傻子"从此变成了我的大名。

　　后来我感觉自己的确很傻，比如说复杂一点的数学题我就算不过来，作文本上的错别字总是比别人多。因此在村小我的学习成绩总是在班上倒数第二名，排在我后面的是经常抽羊角风的小财。但是没人敢叫他一声"羊角风"，或者也叫他"傻子"，因为你敢当面叫一声，他就给你来一场"羊角风"。小财是我的好朋友，但他也叫我"傻子"。起初这让我心理很不平衡，因为他学习还不如我好，但是后来我习惯了。

　　我真的想哭！因为后来发现自己不傻的时候，我都已年过半百了。

去年，初中同学有好事者操持同学聚会，我也应邀去了。没想到的是在同学中我是唯一一个可以把《大海航行靠舵手》完整地唱出来的，还记得当年课上老师让我们默写这篇课文的时候，我因为只能小声地唱一句，才能写一句，老师说我捣乱，顺便还揍了我一顿。初中化学的化合价我是唯一一个能流利地背出来的。那天聚会的同学都忍不住给我掌声，为我叫好。

我不傻啊！可是"傻子"却成了我的名字。我年轻的时候有人为我介绍对象，村里没有人知道张开智是谁，可是姑娘家人说到我爸爸的名字，村人才恍然大悟："你打听的人是我们村子的'傻子'吧！"这一句话就决定了本人的命运，谁家把姑娘送给"傻子"啊？

同学聚会的掌声，唤醒我当年的记忆。一道几何题我的解法独特，还受到过老师的表扬。还有高尔基的原名：阿列克赛·马克西莫维奇·彼什科夫。这老长的名字我很早就记得。

真想借着酒劲，冲出家门，找那个叫我"傻子"的李老师，也像当年我奶奶一样，跟他理论一番。我不傻！我真的不傻！

这是我经历的极端案例，当下可能不会有这样的教师了。但这告诫从教者，莫要为孩子贴上负面标签，有时会影响孩子一生。

老师要对学生有信心

昨晚与朋友小聚，席间有一个朋友诉说了一件事情。

孩子一直学习不好地理这一学科，有一次回家写作业，他有两道题无从下手。朋友看了看题想帮助一下，但也不知道怎么做，于是把手机给了儿子，让他自己发微信向地理老师求助。微信发出后，过了好长一段时间，地理老师终于回信息了。信息内容是："这问题是谁的？是你妈妈的？还是你爸爸的？在学校你从不问问题。"

爸爸看到这样的回信心里着急了，从回信的内容上看就清楚儿子平时上课的状态，以及在地理老师心目中的位置。爸爸冷静了一下，给老师回复了信息："老师您好，今天这个问题的确是我儿子的。老师，对不起！孩子平时表现一定很令您失望，我们家长一定配合老师工作。"老师回复："好吧！告诉孩子，有问题来学校问吧。""孩子第二天去问了吗？"我问。"当然没有去！"朋友无奈地说。"后来老师找您家儿子了吗？"家长又是很无奈地摇摇头。

我不禁想起最近看到的一份资料，2014年英国进行了老师对学生有信心的重要性研究。实验如下——

老师在学生的作文本上，给每位学生写上反馈意见，但是在部分学生的作业本上额外加了这样一句话："我给你回馈意见，是因为我对你有信心。"

收到这句话的学生，在一年后取得了更好的成绩，这种效应在有色人种的学生身上特别显著，而这些学生往往觉得自己比较不受老师重视。

这样简单的一句话，就会让学生发生巨大的变化，类似这样的案例还有很多。

席间听了朋友叙述的事情，感到十分可惜！因为地理老师错失了一个可以使孩子改变的良机。也许朋友的孩子平时得不到重视，也许朋友的孩子平时会有不端行为，也许朋友的孩子在地理课上表现欠佳等，但是通过这次微信沟通，孩子的命运就很有可能改变。

当收到孩子求助信息的时候，如果这位老师这样回复多好："太高兴了！孩子，今天为你主动提出问题感到非常惊喜！老师特别愿意给你提供帮助！"即使是爸爸或妈妈发短信向地理老师求助，地理老师这样回复，孩子看到后也不可能不会受到触动。

对孩子进行成长型思维的培养，老师需要具备三颗"心"：一颗是对学生的"爱心"；一颗是对学生的"耐心"；还有就是对学生的"信心"。

不知道为什么，这位地理老师对孩子的短信后来也没有回应，可能是忙于工作，或是另有原因。我听了这样的结局感到万分可惜！

因此在文末放上罗森塔尔的著名实验，通过上面的事例，这个实验依然会给我们很大的启示。

罗森塔尔曾做过一个著名的心理实验。实验中，他把一群小白鼠任意分成两组，一组交给一个训练员训练，告诉他这是一群聪明的小白鼠。另一组交给另一个训练员训练，告诉他这是一群愚笨的小白鼠。实际上这两组小白鼠并没有差别。而两个训练员的训练水准也没有差距。但是，两个月训练结束后，走迷宫测试下来，"聪明组"的成绩远远高于"愚笨组"。

借此告诫家长和老师，孩子的成长，特别需要你们对学生的信心！

教导而非评判

当看到拿着砖头正准备砸向同学的孩子，你是不是感觉这样的学生太野蛮了？

当看到学生把校园里盛开的花摘下来，你是不是会想这样的学生品行有问题？

在政治课堂上，学生在很投入地读小说，这样的学生是不是不可救药了？

这三问有三个故事，当教育只是简单的评判的时候，就把教育的复杂性简单化了。如果教育简单到"好"与"坏"二元化，培养出的学生几乎都具备固定型思维的模式。

卡罗尔·德韦克说："成长型思维模式培养是教导而非评判。"如何理解这句话，希望下面这三个故事对您能有所启发。

四块糖的故事

陶行知先生在做校长时，一天，在校园里看到一名男生正想用砖头砸另一个同学。陶行知及时制止，同时让这个学生去自己的办公室。

在外了解情况后他回到办公室，发现那名男生正在等他，便掏出第一颗糖递给他，说："这是奖励你的，因为你很准时，比我先到了。"接着他又掏出第二颗糖，说："这也是奖励你的，我不让你打人，你立刻就住手了，说明你很尊重我。"该男生将信将疑地接过糖。

陶行知又掏出第三颗糖，说："据了解，你打同学是因为他欺负女生，说明你有正义感。"

这时那名男生已经泣不成声了，认错道："校长，我错了。不管怎么说，我用砖头打人是不对的。"

陶校长这时掏出第四颗糖，说："你已经认错，我们的谈话也结束了。"

摘玫瑰花的故事

校园的花房里开出了一朵很大的玫瑰花，全校的同学从没见过这样大的玫瑰花，就都赶来看，纷纷称赞不已。

有一天早晨，苏霍姆林斯基正在花园里散步，看到幼儿园的一个小女孩跑过来把那朵玫瑰花摘下来，拿在手里往外走。

苏霍姆林斯基很想知道这个小女孩为什么摘那朵玫瑰花，就弯下腰，亲切地问："小朋友，你为什么要摘那朵玫瑰花呢？"小女孩很认真地回答："我奶奶病了，病得很重，我告诉她学校里开了这么大的玫瑰花，她不相信，我摘下来拿回去让她看看，看完就送回来。"听了孩子天真的回答，苏霍姆林斯基感到震撼，他就牵着小女孩到花房里又摘了两朵大玫瑰花，对她说："这两朵玫瑰花一朵是奖励你的，因为你是一个有爱心的孩子，另一朵是送给你妈妈的，她养育了一个你这样好的孩子。"

政治课偷偷读小说的故事

高中的政治课堂上，一个女孩在偷偷地看英文小说，她被生动的故事情节深深地吸引，以至政治老师站在她的面前却全然不知。教室出奇安静，有的同学发出嗤嗤的笑声，同桌用手轻轻地碰了她一下，她这才醒过神来，脸唰地一下红了，但是生性倔强的她，与老师对视一下并没有收起那本英文小说，再次将头低下继续读她的英文小说。老师边讲课，边踱步到一旁，好像什么事情也没有发生。

下课了，老师招呼那位女生拿着那本英文小说去他的办公室。女生似乎做好了一切心理准备。

到了办公室，老师先让女生坐下，然后要过那本英文小说，翻看片刻后问女孩："你能看懂？""嗯！"女生非常自信地点点头，回答说。政治老师一脸喜色地说："太好了！我听说过你的英语水平很高。既然能达到这种程度，我与你商量一件事，行吗？""什么事？"看着政治老师一点责怪之意也没有，女孩倒是一脸疑惑。"在上政治课的时候，你能不能用英语做笔记？这样，既提高了你的英语水平，政治学科你也不会扔掉，孩子，高考缺了哪一科也不行啊！""行！"女生用力地点点头，回答说。

从此，每当上政治课的时候，该女生全神贯注地听讲，用英文做政治笔记。

最后该女生以优异的成绩考上了国内一所名牌大学。这位政治老师就是后来成为北京八中校长的陶祖伟。

教会学生做人

最近接到了几个异常焦虑的家长的电话。这期间父子关系、母子关系、姐弟关系等几乎都因学习闹得十分紧张。有的已经大打出手，有的处在剑拔弩张状态，也有的孩子扬言要自杀。

我觉得在这个特殊时期教育更不能忽略——让学生学会做人。

具备成长型思维模式的教练

《终身成长》一书中作者介绍了一个典型的案例：美国著名的篮球教练约翰·伍登带领着球队创造了88场连胜的纪录。

约翰·伍登自己承认在篮球技巧以及战术上不过是中等水平，但是为什么他能在美国篮球史上创造出奇迹来？

这得益于约翰·伍登是一个具备成长型思维模式的教练。在训练条件极其艰苦的情况下，球员几乎个个名不见经传，但他可以带出一支劲旅。

在训练中，约翰·伍登培养自己的球员学会掌握成长型思维模式。其中最难能可贵的是他教育球员懂得生活。

《终身成长》引用了三名曾受训于伍登的球员说过的话。

NBA名人堂球员比尔·沃顿说："当然，他培养我们，帮我们做好准备加入的真正比赛，其实是生活本身……他教给我们价值观和个性，让我们不仅成为一个优秀的球员，也成为一个优秀的人。"

成功的教练丹尼·克鲁姆说："如果没有伍登教练作为我的指路灯，

我无法想象我的人生会是什么样的。随着时间流逝，我越来越感激他，我只能祈祷，我给年轻人带来的影响能有他对我影响的一半，我就满足了。"

NBA 名人堂球员卡里姆·阿布杜尔 – 贾巴尔说："伍登教练的智慧对我的运动生涯有着深远的影响，但他对我在如何做人这方面的影响更加深远。他是一个有责任心的人，在某种程度上，是他塑造了今天的我。"

最宝贵的东西：学会做人

自从"停课不停学"开始，网上吵得一片沸腾。老师直播时遇到困惑，学生厌恶上网课，家长不满意，师生网上冲突，甚至还发生学生自杀事件。

"停课不停学"，这里的"学"是不是丢了最宝贵的东西——学会做人？

老师把精力放在了知识传授上，因为在课堂上面对面尚且不能达到理想的要求，更何况在这网上虚拟的世界里。因此责任感强的老师真可谓尽其所能、竭尽全力、挖空心思让学生学好自己的这门课。家长也很焦虑，非常关注文化课学习。

但身处疫情期，让孩子游离于外，只读圣贤书是不可能的。面对疫情时麻木的孩子能有社会责任感吗？一个没有社会责任感的学生，他的未来能走多远？能飞多高？

在网上也看到了一些学校组织学生开展了相应的活动。但是活动的频率是不是太少？参与的学生是否全员？活动的目的与意义是否深刻？

当然，学会做人最重要的还是教师的影响。约翰·伍登之所以能培养出成长型思维模式的运动员，主要是因为他的言传身教。

在约翰·伍登带领队员首次获得冠军的那一刻，他没有欣喜若狂。在新闻发布会结束后，他立刻推开更衣室，去安抚在球场上表现不佳被替换下来的球员。球员的喜怒哀乐比冠军的头衔更重要——这不是伍登的口号，而是实际行动。正是因为用实际行动才有约翰·伍登的自信：擅长分析和调动球员的积极性。

家长、老师做好示范

老师、家长一味地关注学生成绩，是不是适得其反？

前两天山东利津一名学生辱骂老师八分多钟的视频，引起网上一片喧哗。学生的猖狂令人气愤，老师的隐忍令人心疼。同时我们是不是应该反思一下，学校教育以及家庭教育忽略了什么？

视频中学生用的是方言，好像是在说老师侮辱了他。从视频就能判断这个暴戾的学生是一个低自尊的人，我们老师是否想到面对这样的孩子，教育从哪里入手？当学生出现如此过激的恶劣行为，老师是否应该选择先处理情绪，后处理问题的策略？

在这样的情绪下，讲道理是讲不通的，反而招致他更为恶劣的辱骂，使我们的老师尊严扫地。因此，老师在这个时候需要很专业地处理这个问题，而不是一味地隐忍。

因此想教会学生如何做人，老师、家长首先就应如约翰·伍登一样在言行上做好示范。

你关注学生的成长，还是成绩？这段时间是否了解学生与家长的关系？在这段时间自己读了几本书？自己对人生有哪些思考？对目前的疫情你都关注了什么？

教会学生做人，请记住于永正先生说过的话——教育有两个名字：一个叫影响，一个叫激励。

请停止低端的赞语

　　赏识教育曾经风靡一时，于是有人纷纷效仿，甚至使之成为一种理念在教育界流行。可是赏识教育实施了，为什么孩子没有像周宏老师的孩子那样出色？在哪些环节出现问题了？有很多人产生疑惑。

　　"你真是一个数学的天才！""这个问题你能解决，你好聪明啊！""你是一个好孩子！""孩子，你有艺术天赋！""你天生就是一个作家！""你很有能力！"这种简单的赏识语言对孩子的成长不但没有任何意义，如果不断地对孩子灌输，还会不利于他们的成长。

　　芝加哥的研究人员在一些家庭中跟踪了 53 名幼儿，他们在这些孩子过完一岁生日后不久便开始了每四个月一次的访问。在访问期间，实地研究人员录制了父母与孩子之间长达 90 分钟的典型互动。在大概两年之后，调研结束时他们转录了这些录像带。

　　家长在日常互动中，给予孩子的表扬分为过程性表扬、个人性表扬和其他类表扬。其他类表扬包括一些不明确的正面评价，比如"喔""好漂亮的画"等，它们不能被明确地纳入过程性表扬或个人性表扬的类别。

　　接着，研究人员在大约 5 年之后这些孩子上二、三年级时再次访问了他们，并以问卷调查的形式，确定了他们的思维模式与学习动机。结果非常清楚：家长更多给予过程性表扬的孩子，与更多受到个人性表扬的孩子相比，表现出了拥有成长心态以及更为积极地迎接挑战的态度，也表现出了更多的成长型思维的特性。

　　"你真聪明""你好棒""你真是天才"这种个人性的表扬老师和家长

可以信口开河，或者不假思索地脱口而出，但没有体现自己的关注和孩子的付出。

孩子取得成绩的背后一定是付出，因此就需要表扬者细心地观察，以及处处留意，孩子的努力你才可能尽收眼底；"孩子好棒"，"棒"在何处？"孩子作文很好"，"好"在哪里？这些具体的赞扬、过程性的欣赏会更有效地激励孩子。当然，这赞扬的就是孩子的付出。没有人随意溜达就能登上珠穆朗玛峰，这句话很有现实意义。

当然，大多数赞扬者是发自内心地称赞孩子，有些赞扬者也付出了很多，但是芝加哥的实验研究结果还是告诫我们将这种简单的赞语摒弃，否则对孩子的成长着实不利。

尽快扔掉学步车吧

　　使用学步车会给孩子思维模式的形成带来不利因素。

　　学步车——目前我国很多家庭在育儿的过程中仍然使用这个工具，但是，家长对学步车给孩子带来的危害丝毫不知。

　　关于学步车的危害很少看到权威的科普资料。即使有，也仅仅是在阐述学步车的使用会给孩子生理发育带来危害，但没有认识到使用学步车也会给孩子思维模式的形成带来不利因素。

　　在 20 世纪 90 年代中期，婴儿学步车在美国的受欢迎程度曾如日中天。消费品安全委员会报告说学步车造成的伤害（骨折、牙碎裂、颅脑损伤，以及其他）比其他任何流通中的婴儿产品都多。2004 年 7 月，加拿大卫生部发布命令禁止了婴儿学步车，非法持有会被处以高达 10 万加币的罚金或 6 个月的监禁。学步车不仅危险，事实上还会造成婴儿运动发育迟缓。使用学步车的婴儿不仅不能如同正常情况一样那么快地学会自己站立，而且在没有帮助的情况下走路也相对更困难，因为他们已经习惯于用设备支撑自己的重量。

　　婴儿学步车造成的延迟让人震惊："使用学步车 24 小时会延迟学会独立行走达 3 天之久，还会延迟学会独立站立将近 4 天时间。"（见《具身认知》）

　　以上资料也仅仅是在阐述学步车给孩子生理上的伤害。美国有一份资料显示，一个普通的蹒跚学步的小孩每天要绕行 47 个足球场的距离，每个小时平均累计跌倒 17 次。这个数据在我国没有佐证，但是有一个事实：任何一个学会走路的人，都是最初每天跌倒无数次才学会的。怕摔跤的孩子，永远学不会走路。有了学步车的支撑，可能会减少孩子摔跤的次数，这恰恰是对孩子的心理发育产生不利影响的因素。

在无数次摔跤中孩子能体验到一个道理：人是在无数次犯错误中长大的。

因此有了这样的体验，孩子在未来不会因怕犯错而拒绝做事。这恰恰是对孩子成长型思维模式培养不可缺少的体验。

成长型思维模式告诉我们：成功的人可能是犯错误次数最多的人。

当孩子第一次独立颤颤悠悠站起来，向前迈开第一步的时候，就相当于孩子探险的经历开始了。

在这探险的过程中遇到的艰难险阻就是站不稳调整平衡，摔倒了再爬起来，摔疼了哭几声再继续向前。有了生理上的体验，才会产生心理体验的完整性。这样对孩子的心智发展是非常有利的。但是如果用学步车来减少摔跤的危险与次数，这是不是得不偿失？

还有一点，有的婴儿过早地使用学步车，没有爬行的经历，或者爬行的经历时间很短，这对孩子的大脑某些区域发育造成不良影响，甚至孩子在未来注意力上会有缺陷。

还有，仔细观察使用学步车的孩子，他们在室内时常会横冲直撞，不知道加小心，这就是因为学步车造成了孩子神经系统敏锐性缺陷。

综上所述还是应该尽量放弃学步车，不要使用，因为使用学步车弊大于利！

《方法对了，教育就简单了》：
一本实用的教育工具书

"校长，谢谢您！昨天晚上我回宿舍就把范老师的书读到第 85 页了，今天早自习期间我就用书中介绍的'结合与抽离换框'技术了，完美地解决了昨天的问题！向您保证，从今天起我一定好好读范老师这本奇妙的书！"

昨天晚上我从学生宿舍巡查回来路上，碰到一脸愁云从女生宿舍方向走来的王老师。

"怎么了？"

"唉！"王老师长长叹了一口气，说，"两个女生今天晚上在教学楼里，为了一点小事竟然发生肢体冲突。幸亏有好多同学在场，把她们两个拉开了，不然，不知道会发生什么事！"

"两个人的情绪处理得怎么样了？"

"口服心不服！因此下了晚自习我又追到宿舍了。这两个学生太不珍惜同学情了！"听了王老师最后一句话，我一下子就知晓她处理这次问题的角度了。"问题是不是还没有得到充分解决？"我问。"是啊！我真担心她们回到宿舍会继续闹下去，等熄灯了，我才回来，我嘱咐宿管老师今晚盯着点。不过，也许是我多虑了。"王老师一脸疲惫与无奈。"回去早早休息吧，建议你明天有时间读读我送的《方法对了，教育就简单了》这本书，其中神奇的思维换框术部分，会给你带来启迪。""不好意思，您给了之后我还没读。好，马上就去办公室找这本书。""先休息吧！明天再说。"今天一大早就接到王老师开头这段信息。

"一朝被蛇咬，十年怕井绳。"可神奇的 NLP 教练技术能让你在极短的时间内就发生改变。

有人称 NLP 是目前世界上最实用有效的一门心理行为科学。有人评价它："纳米技术是物理学的一次飞跃，而 NLP 则是人类心理学的一场革命。"《方法对了，教育就简单了》作者是基于 NLP 学说，在其长期教育实践层面的基础上撰写而成的。无论是对教师，还是对家长都有非常好的指导意义。

我们经常教育学生刻苦学习，但是很少有人告诉学生学习的方法；我们经常教育学生努力学习，但是学习成绩并不取决于坐在书桌前的时间长短；我们也常说处理问题先处理情绪，可是并不清楚处理情绪应该从哪里入手最有效。

本书以大量翔实的案例向读者介绍可操作性的方法。

学生对某一学科学习没有信心了，没有兴趣了，这是常见问题。但是怎样让学生重拾自信，并让他喜欢上已经厌恶的学科。

学生不喜欢某个学科老师了，自然就会产生对此学科的厌恶，给学生实施怎样的换框技术，让他更理智地看待问题。

学生在考试前不是感冒，就是肚子疼，利用什么样的技术手段成功地让学生从这些不良反应中走出来。

本书不仅为你解释为什么会导致这种现象发生，还将告诉你怎样操作可以在短时间调整过来，这就是 NLP 的魅力所在，更是这本书的价值体现。

学生没有动力，大部分是因为对未来没有清晰的认知，也就是认知能力受限造成的。

"如果你能学好数学的话，你会怎么做？""如果你学好数学的话，会对你的总成绩有什么影响？""如果……"

当这些问话领着学生绕开限制性信念的时候，一定会引发学生对下一步"我应该怎么做"以及对未来人生的清晰思考，甚至引发学生做感觉良好的"白日梦"。

愉悦的感觉是能引发学生内在动力自然而然的事情。

孩子学习遇到困难了，成绩考得不理想，本来很痛苦的孩子在这个时候得到的是什么？谴责就是在"落井下石"——这是不可取的！也有很多教师、家长最初会与孩子一起想办法，但是什么办法是最有效的？本书的学法指导与其他书籍最大的区别不是从具体学法入手的，而是利用 NLP 技术从动力系统、行为发生策略、换框技术以及亚感元调整技术等，从这里入手就是为了调整出学生的积极心态，从而让易松动信念更加坚定，有了清晰的目标以及科学的方法，学习的难题自然就会迎刃而解。

书中有一章节对成长型思维模式与固定型思维模式进行了阐释。这个观点提出者是来自美国著名心理学教授克罗尔·德韦克，她因此获得国际教育—丹奖，该奖项被称之为国际教育"诺贝尔"奖，可见其在教育界影响之大。其实利用 NLP 技术是培养成长型思维模式的最有效手段。其中包括你的问话方式。比如本书介绍的学生迟到的案例。当老师问："你为什么迟到？"这很可能引发学生固定型思维模式——为自己找借口。如果如书中所问："怎么做可以保证明天准时到教室？"这就能引发学生成长型思维模式思考——找方法；遇到困难固定型思维一般情况下就会按下停止键，或者痛苦地坚持。本书中向读者介绍的换框技术以及亚感元调整技术等，这些都是将学生从固定型思维泥潭拉出的最佳策略。读后令你耳目一新、豁然开朗。决定一个人的成功不是智力、能力与体力，而在于他的思维模式——成长型思维模式。可见这本书对于每一位家长、每一位教育工作者是多么的重要啊！

我与作者原本是书友，再后来发展成至交。在本书所举案例中有很多是我亲身经历的。案例中的很多学生是我直接或间接推荐给作者的。我是 NLP 技术产生神奇效果的见证人，有时也会将其应用于教育教学中。正是因为其有效性、针对性、神奇性，遂将此书送给我校每一位教师，也经常向亲朋好友以及教育同人推荐。

四 在阅读和心理
干预中培养成长型思维

　　心理干预是指在心理学理论指导下有计划、按步
骤地对一定对象的心理活动、个性特征或心理问题施
加影响，使之发生朝向预期目标的变化的过程。当我
们给予学生实施成长型思维心理干预的时候，会收到
意想不到的效果。

　　阅读是培养孩子成长型思维模式迅捷之径。书
中一个个鲜活的人物、事例，为孩子的镜像神经元提
供了极好的模仿素材，书中所蕴含的思想理念是"随
风潜入夜，润物细无声"的熏染。更可贵的是以自助
成长为特色的阅读活动可以很好地适应孩子的成长需
要，它如同日常饮食那样自然。

为孩子选择一本好书

克莱门特·斯通在《获取成功的精神因素》一书中记录了这样一则故事：

"伊尔文·本·库柏是美国最受尊敬的法官，他是勇敢地克服幼年时的自卑而达到成功的。库柏在密苏里州圣约瑟夫城一个准贫民窟里长大。他的父亲是一个移民，以裁缝为生，收入微薄。为了家里取暖，库柏常常拿着一个煤桶，到附近的铁路边拾煤块。库柏为必须这样做而感到困窘。

"他常常从后街溜出溜进，以免被上学的孩子们看见，但是那些孩子时常看见他。有一伙孩子常埋伏在库柏从铁路回家的路上袭击他，以此取乐。他们常把他的煤撒遍街上，使他回家时一直流着眼泪。这样，库柏总是生活于恐惧和自卑的状态中。

"有一件事发生了，这种打破失败的生活方式的事件总是会发生的。库柏因为读了一本书，内心受到了鼓舞，从而在生活中采取了积极的行动。这本书是荷拉修·阿尔杰著的《罗伯特的奋斗》。"

在这本书里，库柏读到了一个像他那样的少年奋斗的故事。那个少年遭遇了巨大的不幸，但他最终成为一个勇敢的人。库柏也希望具有这种勇气和力量。

库柏读了他所能借到的每一本荷拉修的书。当他读书的时候他就进入了主人公角色。整个冬天他都坐在寒冷的厨房里阅读勇敢和成功的故事，不知不觉地形成了积极的心态。

在库柏读了第一本荷拉修的书之后几个月，他又到铁路边去捡煤。只剩一段距离时，他看见三个人影在一座房子的后面飞奔。他最初的想法是转身就跑，但很快他记起了他所钦羡的书中主人公的勇敢精神，于是他把煤桶握得更紧，一直向前大步走去，犹如他是荷拉修书中的一个英雄。

这是一场恶战。三个男孩一起冲向库柏。库柏丢开铁桶，坚强地挥动双臂进行抵抗，这使那三个恃强凌弱的孩子大吃一惊。库柏的右手猛击到一个孩子的嘴唇和鼻子上，左手猛击到这个孩子的胃部。这个孩子便停止打架，转身溜走了，这也使库柏大吃一惊。同时，另外两个孩子正在对他进行拳打脚踢。库柏设法推开了一个孩子，把另一个打倒，用膝部猛击他，而且发疯似的连击他的胃部和下颚。现在只剩下一个孩子了，他是领袖。他突然袭击库柏的头部。库柏设法站稳脚跟，把他拖到一边。这两个孩子站着，相互凝视了一会儿。

然后，这个领袖一点一点地向后退，趁机也溜走了。库柏拾起一块煤，投向那个退却者，这也许是表示正义的愤慨。

直到这时库柏才知道他的鼻子在流血，他全身由于受到拳打脚踢，已变得青一块紫一块了。这是值得的啊！在库柏的一生中这一天是一个重大的日子。那时，他克服了恐惧。

读了一本书为什么会发生如此大的改变？其实这样的例子很多，道理也很简单，这与"少不看《水浒》，老不看《三国》"道理是一样的。少读《水浒》怕学坏；老读《三国》担心多想。读书能改变一个人的原因是什么？用现代的心理科学就能解释这一现象。

两位荷兰研究人员曾经进行影射实验。他们找了一批人，请他们为下一次实验分别描述这三种原型：足球流氓、秘书及教授。他们被告知，这是为下次实验做准备，需要对这三种原型的描述，但他们不知道的是，通过对原型进行描述，自己已经被影射了。他们分别被影射为足球流氓、秘书或教授。影射后，他们接受了智力测试及记忆力测试。描述足球流氓日常行为的人表现得最糟，无论是记忆力还是智力；然后是描述秘书的人；表现最好的是描述教授的人。而这些描述教授的人之前并没有更努力学习，良好的改变是因为发生了影射。

读书时，书中的人物自然而然植入了人的意识之中，也就是读者被影射了，因此库柏就成了荷拉修书中的人物罗伯特·卡弗代尔那样的大胆而勇敢的英雄。

因此根据孩子的个性特征，为孩子选择一些书籍，这是一条培养孩子的成长型思维的经济、便捷、非常有效的途径。特别是人物传记作用更大，当然，一定要帮助孩子选择他自己喜欢的人物。

在绘本阅读中培养成长型思维

在开篇与家长的对话中就提到，成长型思维模式的培养越早越好，所以孩子在阅读绘本的时候，就可以有意识提供一些可以培养孩子成长型思维模式的素材绘本。这里抛砖引玉，供大家参考。

成长型思维培养 1：阅读《零错误女孩》

在篮球事业巅峰时刻，迈克尔·乔丹竟然选择去打棒球，由一个篮球巨星变成棒球界无名小卒。但他全然不顾这些，做出了自己喜欢的选择。

乔丹是一个具有典型成长型思维模式的人，卡罗尔·德韦克在她的《终身成长》一书中多次提到他，并且引用乔丹在 1997 年耐克广告中总结失败的经验："在我的事业中，我错过了 9000 多个投篮，我输了约 300 场比赛。有 26 次大家信任我，让我投决定比赛胜负的一球，我却没投中。在我的人生中，我一再地失败，而这就是我成功的原因。"

具有成长型思维模式的人不惧怕失败，而是在失败中找到让自己成长的信息反馈。

绘本《零错误女孩》讲述了一个叫碧儿崔琪的小姑娘的故事。

她穿袜子、穿鞋子从没有穿反过；她照顾弟弟与饲养宠物、叠被子、做家庭作业等都是那么有板有眼；她走出家门是那么有礼貌；她一起与同学做厨艺，在情急之下宁可摔得四脚朝天，也要保证鸡蛋不会摔碎。她从不犯错误，是一个"零错误"的优秀女孩，被全镇人欣赏。

为了给全镇人表演杂技，碧儿崔琪做了充分、精心的准备。在全镇人热切的期待中，她上台表演了。可是结果大出人们所料，她失败了。

第一次在所有人的记忆中，碧儿崔琪犯了一个大大的错误。观众们目瞪口呆，他们不相信被称为"零错误女孩"的碧儿崔琪会犯下如此错误。

碧儿崔琪先是目瞪口呆，不知所措，但是出人意料的是她随后"扑哧"一声小笑，而后哈哈大笑起来。观众们也莫名地随着她小声地笑，而后也哈哈大笑。碧儿崔琪在失败的那一天夜里睡得比任何一个晚上都香甜。

第二天，她在穿着上不再刻意地计较了；在吃饭的时候也不再因为是花生酱多，还是果酱少而费尽心思；特别是她竟然也去公园学滑冰了，跌倒了无数次，出了很多丑，她都不在乎。

故事的结尾是：人们也不再称她为"零错误女孩"了，只是亲切地叫她的名字——碧儿崔琪。

这个绘本让孩子读读，等孩子长大的时候就不会出现类似这样的情况：

一向成绩优秀的孩子，因为遭遇的一两次失败就想放弃学习；

有的孩子选择逃避——考试前"有病了"；

有的孩子除了学习以外，其他任何东西都不去尝试一下；

有的孩子总是在众人面前表现得尽善尽美，因此活得很疲惫。

这些孩子可以说在某些方面很优秀，但正是因为很优秀导致她有一颗"玻璃心"。越优秀，越脆弱，面对困难越躲避，最终形成"风险抗拒型"人格。

读了这本书，你就会为孩子埋下一颗幸福的种子。

成长型思维培养2：阅读《了不起的杰作》

《了不起的杰作》中的主人公是一个没有名字的小姑娘，我们称呼为"她"。她思维模式转变的故事，能给读者一个很好的启发。

她有一天忽然产生一个想法——要做一件了不起的东西。于是，她与好朋友小狗一起行动起来。

可是，很多事情想得很简单，做起来却不是那么容易。于是，她遇到困难后产生了心浮气躁的情绪，越做越急躁，以致把手指弄伤了。她把零部件摔个粉碎，并用脚猛烈踩踏起来。沮丧的小姑娘在那个时刻调动了固定型思维模式，产生了"我一点也做不好"的想法。于是，她最终放弃了，以一个失败者的身份出现在了读者面前。

亲爱的家长朋友们，你家孩子在搭积木、玩拼图、学拍皮球、学骑自行车、学开儿童电动车等过程中，出现过类似这样沮丧的情绪吗？我相信会有的。当孩子遇到困难就退缩、产生畏惧心理时，应该怎么办呢？我们一起看看《了不起的杰作》中小姑娘是如何积极改变自己的。

《了不起的杰作》中的她接下来是怎么做的呢？好朋友兼助手小狗建议她先放下手头的事情，停下来出去走走。随着怒气与沮丧渐渐消失，她又回来重新思考，从失败中吸取教训，边做边总结经验，重新设计起零部件来，这样她心态也不再急躁，行动也有条不紊起来。

最后书中交代：当夜幕降临的时候，她终于完成了杰作。

我想，读了这本书的我们将学会一条宝贵的经验：当孩子遇到困难心浮气躁甚至愤怒时，应指导孩子如书中的小姑娘一样——先学会并尝试处理情绪上的问题，然后再去处理事情。

你有过这样的经历吗？你认为很简单的事情，可是真正做起来却是那么不容易，有时候理想与现实差距很大。面对这样的情况你怎么办？你是否也曾像《了不起的杰作》中的主人公小姑娘一样优先调整自己的情绪呢？假如你小时候有过无数次这样的体验，答案显而易见。可是社会发展的速度之快令人惊讶，孩子们目前这种体验似乎成为荒原。

三月三放的风筝是自己糊的；正月里打的灯笼是自己做的；能用高粱秆扎出马、牛、汽车、火车等模型；能用泥巴捏出汽车、坦克、轮船、大炮等模型；能用自行车链条制作洋火枪；能制作鸟笼、弹弓等。那个岁月的这些玩具，和我同代的人大多在童年时期亲自动手制作过。

在这些玩具的制作过程中，你也会经历由失败到成功，所制作的玩具由粗劣到精致，由简单到复杂。不知不觉中，你自己的制作行为也会由模仿上升到创造的境界。正是因为有了这样的心理体验，你才可能具备成长型思维模式，在未来应对困难时，你才会充满韧性。

可是现在以上这些还用亲手制作吗？没有亲自动手制作，哪里还会诞生"了不起的杰作"？仔细思考：随着生活水平的提高，孩子丢失的东西是不是越来越多？过去在制作这方面男孩总是强于女孩，这也影响对理科的学习，可是现在男孩女孩还有区别吗？你是否由此明白当今社会的一个现象——孩子们的动手能力越来越差，孩子们的心理也越来越脆弱？家长与老师不要忽略孩子们手工制作这种体验的必要性、紧迫性。

以上举的是手工制作的例子，随着社会的发展已不再需要由孩子们来制作，新的玩具也已经产生。虽然有的已经商业化，但是给孩子提供了更为丰富的体验机会。有些商场也出现了陶制品制作、沙画表演、拼装乐高等的体验活动场所。

近些年来国内还出现了儿童体验中心，集职业体验、运动体验、科技体验于一体的商业机构。特别提示这些机构与家长摒弃功利化，就是让孩子们一如我们的当年——纯粹地玩！让孩子动手中体验快乐与悲伤、沮丧与兴奋、艰辛与幸福。只有这样多次地重复体验，才会如《了不起的杰作》中的小姑娘一样——培养出成长型思维模式。

成长型思维培养 3：阅读《大头鱼上学记》

卡罗尔·德韦克在《终身成长》一书中介绍了若干个具备成长型思维模式的明星，这些明星无一不是从零开始，通过刻苦练习而终成正果。

如前所述，体育明星乔丹在上高中的时候被校队淘汰，后来通过常人难以想象的刻苦练习成为世界级明星。他的教练称赞他："一个不断想提高自己天赋的天才！"这是体育界成功人士的案例，接下来再分析一个艺术家具备成长型思维模式的案例。下面卡罗尔·德韦克这段对世界顶级画家保罗·塞尚的记述更给人以启发。

"我有一次去伦敦参观了一个早期画作展览。在去的路上,我就在想塞尚曾经是个怎样的人,在他的名声如日中天之前,他的画作是什么样的。我对此非常好奇,因为塞尚是我最喜欢的艺术家之一,他也是现代艺术的奠基人之一。但是我却发现这次展览的大部分画作非常糟糕。有些画面过分夸张,有些颜色过于强烈,还有一些画得非常业余的人物肖像。虽然在其中有些作品中可以看到后来画作的影子,但大部分与日后的水平天差地别。难道说早期的塞尚没有天赋吗?还是说,当时的他如果想变成后来的大师只需要一些时间的磨炼?"

安德斯·艾利克森在《刻意练习》一书中,从科学的角度阐述了非常鲜明的观点:"世界上没有天赋,所有的明星达人都是刻意练习的结果,包括在童年就充满传奇色彩的莫扎特。"

以上就注解了《大头鱼上学记》中大头鱼开学第一天的遭遇。

开学的第一天大头鱼进入教室,发现这个班的学生都在低头书写。可是,他连自己的姓名都写不好,觉得自己一团糟,于是就产生典型的固定型思维模式:A. 我不聪明;B. 我永远也学不会;C. 我适应不了;D. 还是算了吧。

他又进入另一间教室,这个班的学生都在练习绘画。大头鱼也试着画,发现自己还是一团糟,画不好,于是又产生典型的固定型思维模式:A. 我不聪明;B. 我永远也学不会;C. 我适应不了;D. 还是算了吧。

大头鱼漫无目的地游啊,游啊!又看到一间教室,他进去后,大家在做数学题。大头鱼也试了试,还是一团糟!于是他就又产生典型的固定型思维模式:A. 我不聪明;B. 我永远也学不会;C. 我适应不了;D. 还是算了吧。

大头鱼伤心地向校外匆匆游去——他想彻底放弃了!就在这时候休伊特老师出现了,耐心地劝说:"不用着急,还没开始学呢,不会也没关系!""我是来帮你学习的,我知道,你能行!""多多练习,你就能学会!"

原来大头鱼进错了教室,在休伊特老师的带领下来到了"新生班"。

休伊特老师告诉他们四个真相（关于成长型思维模式）：A.你们都很聪明；B.你们都能学会；C.你们在一起；D.一定要记住。

开学了，您家的孩子会遇到这样的情况吗？不会的，肯定不会走错教室。但是您知道吗，就在这同一间教室里，即使都是新生，他们也会千差万别。有的孩子数学可能一年级都不用学了；有的孩子汉语拼音学完了；有的孩子已经可以阅读了；有的孩子会拉二胡；有的孩子《唐诗三百首》都会背诵了；有的孩子会跳绳；有的孩子会舞蹈……您家的孩子会什么？

很多是高高兴兴上学来，最后孩子一如大头鱼一样沮丧地想回家。这背后的原因老师与家长一定要了解清楚啊！

如果您家的孩子不是"全才"，就领着孩子读一读这本《大头鱼上学记》吧，告诉孩子，不会是暂时的——人人都能学会。

顺便可以给孩子讲一讲"飞人乔丹"落选球队的故事；塞尚也不是一下子就成为伟大的画家，甚至这个大画家最初的画与你家孩子一样啊！

成长型思维培养4：阅读《点》

你是否经常听到人们说这三个字：我不会！其潜台词就是"我不想学"或者"我学不会"。面对挑战而选择逃避，这样的人拥有的是固定型思维模式。

这种思维模式是在什么时候形成的？小的时候是关键。如果从小就经过很好的历练，形成成长型思维模式，那么在他的未来工作中这三个字一定会很少出现。

在孩子上学期间，是否也出现过这可悲的三个字？"我不会"写作文；"我不会"跳绳；"我不会"唱歌；"我不会"计算；等等。"我不会"这三个字，成为孩子放弃的理由。

"不会，可以学啊！"这样的劝说是否显得苍白无力？来，与孩子一起读一读彼得·雷诺斯的《点》吧。

美术课都结束了，可是瓦士缇竟然没有动一下笔，老师笑着让她随便画一笔，她抓起笔愤怒地在纸上狠狠地戳了一笔，并且告诉老师："完了！"老师见她这个样子，轻声地请求她："现在，请签名。"瓦士缇签上名字的一周后，她惊讶地发现在老师的办公室最明显的地方，悬挂着她的作品，并且把她戳的这个点用画框装裱起来。瓦士缇不服气了，其实自己还能画出更好的"点"，于是就打开自己从没有用过的水彩颜料，画出各种颜色、各种大小的点。

几个星期后学校举办画展，瓦士缇出尽风头，引起轰动效应，并且瓦士缇也因此影响了别人。

故事虽然很简单，但很引人入胜，发人深省。我们成人在故事中一定会受到瓦士缇老师循循善诱的启发——老师给了孩子一个信心的"起点"。孩子读后的启发又是什么？那就是：无论做什么事，一定要大胆尝试。面对新的事物不能畏首畏尾，更不能望而生畏，落荒而逃。

书中这个"点"就是"起点"，万事开头难，起点很重要。有良好的开端就很可能会产生良好的结局。瓦士缇愤怒地"点"了一下，老师把这幅画装框悬挂，点化了瓦士缇的创作灵感与激情，因此瓦士缇的创造力被激发出来。瓦士缇的画轰动的前提是行动，因此行动起来最重要。

让孩子记住这两句话。孔老夫子："君子讷于言，而敏于行。"赫胥黎："人生的伟业不在能知，而在于能行。"虽然孩子对这两句话有可能没有深刻体验，但是记住它对他以后的人生大有裨益。

如果与孩子读完这绘本，也可以引导他读一读彭端淑的《为学一首示子侄》（原文可网上查找阅读），我在这里简单翻译如下：

天下的事情有困难和容易的区别吗？只要肯做，那么困难的事情也变得容易了；如果不做，那么容易的事情也变得困难了。人们做学问有困难和容易的区别吗？只要肯学，那么困难的学问也变得容易了；如果不学，那么容易的学问也变得困难了。我天资愚笨，赶不上别人；我才能平庸，赶不上别人。我每天持之以恒地提高自己，等到学成了，也就不知道自己愚笨与平庸了。我天资聪明，超过别人；能力也超过别人，却不努力去发挥，即与普通人无异。孔子的学问最终是靠不怎么聪明的曾参传下来的。如此看来，聪明愚笨难道是一成不变的吗？四川边境有两个和尚，其中一个贫穷，一个富裕。穷和尚对有钱的和尚说："我想要到南海去，你看怎么样？"富和尚说："您凭借什么去呢？"穷和尚说："我只需要一个盛水的水瓶和一个盛饭的饭碗就足够了。"富和尚说："我几年来想要雇船沿着长江下游而去（南海），尚且没有成功。你凭借什么去！"到了第二年，穷和尚从南海回来了，把到过南海的这件事告诉富和尚。富和尚的脸上露出了惭愧的神情。

再次告诉孩子一个道理：行动放在第一位！

成长型思维培养 5：阅读《如果你想看鲸鱼》

老师与家长反映很多孩子上课时注意力不集中，原因有两种可能。其一是孩子在小时候没有爬行的经历。孩子在学走路前有一阶段要爬行，俗话说三翻六坐七滚八爬。这是孩子出生后的几个月应该会的基本动作。

脑科学专家研究得出这样的结论：在孩子出生 8 个月后，只有通过爬行，大脑管理注意力的区域才能得到充分健康的发展。现实是目前孩子们的家庭环境缺少爬行的条件，或者也没有得到家庭的重视，由会坐直接就学会行走。很多孩子没有爬行经历，或者这个经历很短。

还有一种可能是孩子的玩具过多，平时有的家长放任孩子，满屋子琳琅满目到处都是玩具，孩子想玩什么就拿起玩什么。有科学研究指出，孩子面前经常摆放三种以上玩具，就会导致孩子在未来注意力不集中。当然也有可能是其他原因，在此不再赘述。

绘本《如果你想看鲸鱼》就是针对孩子注意力不集中而作。这本书用很少的文字、很少的颜色、很少的画面，非常简约地告诉小朋友如何做到专注。

　　如果你想看鲸鱼，你需要一扇窗、一片海，就这么简单。剩下就是需要时间。鲸鱼可不是你家里堆放的玩具，想什么时间玩就拿起来玩啊，你需要等待。

　　在等待的时候，你不要舒舒服服地等，太舒服了你就可能睡着了。等待必然是有代价的，因此要耐心。

　　如果想看鲸鱼，你不要去看小鸟，不要去看玫瑰花，不要去张望远航的船只；如果想看鲸鱼，就不要看珊瑚或者美丽的小昆虫，还有飘在空中的白云，闪耀的太阳。

　　想看鲸鱼，只有双眼盯紧海面——耐心等待——鲸鱼出现了。

　　年轻的爸爸妈妈们，与孩子一起阅读这本书吧！在你的心中是否也有一头鲸鱼？如果你心中有一头庞大的鲸鱼，就放下手机的诱惑，抵制电视连续剧的引诱，戒掉对垃圾食品的瘾，放弃让你三心二意的繁杂事情，请一心一意注视着海面，等待鲸鱼的出现。

　　年轻的爸爸妈妈们，资讯越来越丰富，生活是不是感觉越来越匮乏？多重的任务选择，令你焦躁不安。给孩子做一个榜样，与孩子一起站在窗前一心一意"看鲸鱼"。那鲸鱼一定会出现在你和孩子的面前。

　　绘本已经告诉孩子了，想看鲸鱼，不仅仅是站在窗前凝视，书中还提示——还要知道不看什么，才能做到一心一意。

　　俄罗斯有句谚语："一只狗不能同时追两只兔子。"让孩子记住这句话。

　　做榜样的年轻的爸爸妈妈们，你们也读一读加里·凯勒和杰伊·帕帕森的《最重要的事只有一件》，这对更加深刻地理解《如果你想看鲸鱼》很有帮助。

成长型思维培养 6：阅读《有了想法你怎么做？》

　　与孩子一起读一读《有了想法你怎么做？》，让孩子放飞自己的梦想吧！

　　男孩突然间有了一个想法，不知道是因为什么触发的，但是这个想法却如影随形，不敢说出去，怕别人嘲笑。把它藏起来，可是不得不承认，有了它，生活才有快乐。

7岁那年，他便在台北百货公司的魔术专柜前流连忘返，对奇幻魔术深深着迷。于是，他用零花钱买下了第一个魔术道具——"空中来钱"。此后，他一放学就往这里跑，店员都被他弄烦了，问："你到底要干吗？"他回答道："我想学魔术。"于是店员开始教他一些小魔术，最后干脆把他拉到柜台里做活广告："看嘛，小孩子都会玩，你们也能学会啦。"

他把魔术道具带到别人面前，尽管他担心他们指指点点，怕他们看到以后嘲笑它，觉得他很愚蠢。果然不出他所料——"你的这想法不好，很古怪！""你简直是在浪费时间，没有好结果！"

这个男孩开始在课堂上偷偷练习"空中来钱"的魔术。有一次上课练习时，一不小心硬币滚落到了讲台下，气愤的老师当场没收了他口袋里的全部硬币。男孩羞红着脸，站起身来说了一句："老师，我要成为一个魔术师！"

小男孩的话遭到了全班同学的哄堂大笑。委屈的男孩回到家，向父亲诉说："爸爸，我的梦想是成为魔术大师，可他们却嘲笑我……"他的话还没有说完，气急败坏的父亲朝他大叫："你疯了啊！"他遭到了父母的破口大骂，同学的冷落，邻居的嘲笑。

他差一点听了他们的话，但是他决心好好保护它，坚持下去！想法越来越大，他对它的爱日渐加深。它鼓励他大胆思考，一天比一天大胆。没有它，生活就不知道将变成什么样子。终于有一天，令人震撼的一幕发生了。就在他的眼前，他的想法变了样儿。嗖！它展翅飞翔，冲上了云霄。

12岁那年，他去参加儿童魔术大赛，最终他脱颖而出，获得了由魔术国际大师大卫·科波菲尔颁发的比赛大奖。在颁一等奖时，魔术大师大卫·科波菲尔用很不流利的中文喊出了他的名字。

到了最后的一刻，那顶戴在想法上的皇冠，戴在了他的头上。它已不再是他的一部分，而是世界的一部分！

随后，他获得了10多次国际性大奖。有人称这个"魔法无边"的年轻人为现实版哈利·波特。他就是年轻魔术大师刘谦。

林清玄在上三年级的时候就立志当一个作家，没有人相信他，因为他住的地方从来没有人知道作家是干什么的。父亲当场给了他一巴掌。

达尔文小时候痴情于自己的梦想被人误解为不学无术；爱迪生小时候因自己的梦想被人认为是个傻瓜。

人类历史上很多这样的事例证明了一句话——被人嘲笑的梦想才最有价值！

林清玄是幸运的；刘谦是幸运的；达尔文、爱迪生是幸运的，因为他们最后取得了成功。试想，有多少人童年的梦想被人们扼杀在摇篮里。

读读这本绘本吧，给孩子的想法戴上皇冠。

成长型思维培养 7：阅读《长颈鹿不会跳舞》

每个人都会有缺陷，俗话说：人无完人。但是如何面对自己的缺陷？如果一个人拥有的是固定型思维模式，他会极力把自己的缺陷隐藏下来。如果一个人将自己的注意力聚焦在隐藏缺陷上，这样一定会影响到他未来人生的发展。

凯丝·达莉是美国电影界和广播界的一流红星。在成功之前，她曾经因为自己天生的龅牙走过很长一段弯路。

那时候，她在新泽西的一家夜总会里唱歌，因为龅牙会使自己本来不好看的脸显得更加难看，所以每次公开演唱时，她都会努力把上嘴唇拉下来盖住突出的牙齿，以便使自己漂亮一些。但是结果呢，她总会因此而大出洋相，并且严重影响了大家对她歌唱水平的评价。

一个坐在人群中的音乐家听出了她的天分，也看出了她的不自然，于是很直率地对她说道："我知道你想掩藏的是什么，你的龅牙对不对？要知道观众想欣赏的是你的歌声，你只需要把你的歌唱好就行了，根本不用去管其他的东西。"这句话使她极为难堪，但是尽管如此，她还是大受震动，所以决定忘掉自己的龅牙，放开地唱一次，看看结果到底会怎么样。

令观众惊讶的是，当这位"小丑"忘情地投入演唱时，她的歌声竟然是那么热情而美妙，那么富有个性！顿时，所有在场的人都被震撼了，这使得凯丝·达莉在一夜之间红透美国演艺圈。而那几颗一直被她视为不能见人的龅牙，也成了她最具特色的地方，广为歌迷所称道。

我也曾经遇到过这样一个学生。她经常不能按时交作业，总是拖一段时间，当作业交上来的时候，是那么清晰、那么工整，并且没有错误出现。后来老师发现，她竭尽全力在老师面前表现她的优秀。很可惜的是，她跟不上老师的教学节奏，考试成绩越来越差。好在那个时候老师们正在读卡罗尔·德韦克的《终身成长》一书，对孩子的思维模式能够进行及时矫正，目前女孩发展得越来越好。

与孩子一起读一读《长颈鹿不会跳舞》这本绘本吧。我想在孩子的未来出现类似问题的时候，他们绝对会正视自己的不足。

杰拉德是一头长颈鹿，长脖子优美而纤细。可惜膝盖向外弯曲，腿瘦得骨头连着皮。如果要他转个圈，他就会膝盖扭曲四脚朝天。今年的舞会如期而至，大个子杰拉德眉头紧蹙。跳舞这件事对他来说，实在是心有余而力不足。但是在舞会上杰拉德还是鼓足勇气走上舞台。

狮子们看到他出场，顿时哄堂笑开了怀。"快来看蠢笨的杰拉德！"伙伴们都嘲笑他："长颈鹿天生不会跳舞，杰拉德你别犯傻！"杰拉德听了停在原地，四脚生根一动也不动。

"他们的话确实很在理，我就像块木头没啥用。"杰拉德痛苦地缓缓走下舞台，黯然转身独自踏上回家的路。

按照思维模式来分析，这个时候的杰拉德就是固定型思维模式。没有人定义你，除非你把权力交给别人。"人不知而不愠"，这就是典型的成长型思维模式。长颈鹿真的不会跳舞吗？

杰拉德心情沉重地行走在路上时，一只观察杰拉德已很久很久的蟋蟀鼓励了它。

他终于完全舒展了四肢，尽情地向着各个方向舞动。突然他翻了个漂亮的跟头，身体一跃而起飞到了半空。杰拉德的感觉非常美妙，他惊讶得张大嘴巴喊道："我在跳舞！我在跳舞！"他一边跳一边不停地叫。听到杰拉德惊喜的叫声，动物们陆陆续续赶过来。看到杰拉德的曼妙舞姿，大家都惊讶得目瞪口呆。

围观的动物大声喊道："眼前的一切真神奇，我们一定是在梦里。杰拉德成了最棒的舞者，拥有最了不得的舞技！"

"只要找到内心需要的那支乐曲，我们大家其实都可以跳得很棒。"

这句话就代表着杰拉德的思维模式发生了根本变化，他已经拥有了成长型思维模式。

成长型思维培养 8：阅读《小火车头做到了》

幼儿园里一个孩子在哭，小朋友们有三种反应：一是像大人一样训斥他，有的小朋友甚至会以动手打他来制止哭声；二是有的小朋友表现出无所谓的样子，面对哭声无动于衷；三是有小朋友去哄正在哭泣的小伙伴。这三种你最喜欢哪一种？从"三岁看老"这句话里，您尝试判断一下未来哪种孩子最有前程？当然，大部分父母都会希望自己的孩子属于第三种。

学生自杀的新闻一个又一个，学生自杀率极高，主要的原因是什么？应试教育难辞其咎，为了考试而考试，一切都为纸面成绩开道。这就造成一旦学习失利，孩子就成为"三无"少年——无力、无望、无价值。当这"三无"集中出现在一个人身上的时候，就可能会产生悲观厌世的念头，这种念头产生后，一旦因为某件事件触发，就可能会发生悲剧。

因此，各位老师、诸位家长在关注孩子学习成绩的同时，更要关注培养一个内心强大的孩子。内心强大的前提是有价值感，而价值感培养的最好的手段是什么？是帮助他人。

斯坦福大学从科学上已经证实：以助人为乐趣的人更幸福、更健康、更快乐、更自信，人生取得的成绩更大。研究还表明：助人者自助，对从助人者的唾液中提取的化学物质进行分析，发现其中包含的有利于人产生幸福感的化学物质要多于那些非助人者。而幸福感与自信，正是成长型思维模式所应具备的基本品质。

如何在孩子心田撒下助人的种子？领着孩子读一读绘本《小火车头做到了》，看看能不能找到方法。故事是这样的——

快乐的小火车出故障了，坐在小火车上的玩具小丑和玩偶们都很着急。他们怎样才能赶在天亮之前翻越山岭，把玩具送给山那边的小朋友呢？各种火车头从他们身边经过时，都不愿意提供帮助。最后，一个看起来最不可能帮上忙的蓝色小火车头决定试一试。

最初蓝色小火车头对自己的能力也产生怀疑，担心自己不能胜任，这是固定型思维模式的表现。但是，因为别人有困难需要帮助，助人心切的他思维模式发生了改变。

为了将欢乐带给山那边的孩子们，蓝色小火车头不断给自己鼓劲："我想我能做到！""我想我能做到！""我想我能做到！"……他终于艰难地爬上了山顶……胜利了！蓝色小火车头战胜了困难，也战胜了自己，因为自己从没有做过这样的工作。

家长朋友们，与孩子一起阅读这个作品吧，让孩子养成助人的习惯，培养他的价值感。书中还有一句经典的语句请让孩子记住——"我想我能做到！"——这就是成长型思维模式的表现！

成长型思维培养9：阅读《普普想要一个宠物》

绘本中的主人公普普是一个令人心疼而又可爱的小姑娘。莫说她的父母，每一位读者都会被她的行为深深打动。

绘本开头：普普——想要——一个——宠物。四幅画面展现在你的眼前，就给人这样的一种感觉：普普想得到一个宠物的愿望很强烈。

可是爸爸说："不行，养宠物要花很多钱。"妈妈说："不行，宠物太吵了。"父母拒绝了，但是普普没有绝望，也没有吵闹。从爸爸的回绝中能看出，普普的家庭并不是很富裕。懂事的普普自己找到一个宠物——树杈。这个宠物树杈既不需要花钱喂养，也不会吵闹，符合她父母的要求。

普普带着这个宠物满世界走，回到家就把它放在前门廊。可是，树杈却经常把爸爸绊倒。终有一天爸爸愤怒了，把树杈踩碎，扔进柴堆里。七零八落的树杈，被大雨淋着，仿佛是普普的心在流泪，好让人心疼啊！

懂事的普普又为自己找到了一个新的宠物——枝枝。它可以放在口袋里，也不会再干扰爸爸了。可是在漂洗衣服时忘记拿出，枝枝丢了。普普好心疼，她张贴了寻物启事，但是没有结果。

普普只能再次向爸爸妈妈要宠物，但还是被爸爸妈妈一口拒绝。普普只能又找了一只旧鞋当宠物。这个宠物不需要花钱喂养，不会吵，不会占家里很多地方，不会给家人添乱。它符合爸爸妈妈的要求。普普与这个宠物满大街跑，与这个宠物一起跳舞，与这个宠物一起表演杂技。

可是普普最终还是厌倦了，因为这个宠物不会舔一下普普，也不会跳上她的膝盖。很失落的普普最终还是把它扔掉了。

生命中有了第一个会动的小宠物——弟弟。她把弟弟放在盒子里，给弟弟洗澡，给弟弟扎蝴蝶结，弟弟饿了，她喂弟弟种子和草。把弟弟当宠物被爸爸妈妈拒绝了。普普再次要宠物，爸爸妈妈再次拒绝。普普的新宠物是汽车轮胎。普普滚动它来玩却难以控制，惹得邻居都不高兴了，再加上搬动它很困难，普普还是放弃了这个宠物。

有一天普普终于找到符合爸爸妈妈要求的宠物——海底小精灵。可是好多天这些小精灵也没有孵化出来。普普把自己关在壁橱里，整整一天等待海底小精灵孵化出来。就这样，普普终于把爸爸妈妈打动了。在普普生日那天，爸爸妈妈送给了她一个生日礼物——一只棕色的小猫。普普在没有打开生日礼物之前就听到小猫的叫声，高兴得手舞足蹈，在她的眼睛里流出从没有流过的眼泪。

每次普普选择自己的宠物都让人心疼不已，这次流泪更令人心生爱怜。她要宠物是那么心切，却总是被拒绝，但是她从没有为此哭闹，总是自己想办法解决。

绘本的结尾，爸爸好奇地问普普："你给这个小猫起一个什么名字？""权权。"普普高兴地回答。

权权——是不是陡然间想起普普第一个宠物，以及被爸爸愤怒地踩碎，扔进柴堆任凭雨淋的场景？好让人心疼的女孩。仅仅是心疼这不哭不闹的女孩吗？我更被这个执着的小女孩打动。

"即使事情发展得不顺利，也仍有坚持不懈的激情——这是拥有成长型思维模式的人身上的标志。"卡罗尔·德韦克如是说。普普不仅仅是一个可爱懂事的小姑娘，还是一个具备成长型思维模式的小姑娘。

和孩子一起阅读吧！这是一本培养孩子懂事理并且有执着心的佳作。试想人类历史上那些有成就的人，谁不是执着的追求者和奋斗者？

成长型思维培养 10：阅读《全速前进》

思维模式决定学习成绩。目前中高考的改革就是在摒弃对知识点死记硬背这一弊病，试题会越来越灵活，靠死记硬背拿高分将成为历史。

卡罗尔·德韦克在她的《终身成长》一书中写道："很多学生的学习方法是阅读课本和自己的课堂笔记。如果内容特别难，他们会再读一遍。他们也会尝试着把所有的东西都背下来，就像吸尘器一样。这就是具有固定型思维模式的学生的学习方法。

"具有成长型思维模式的学生完全掌控自己的学习过程和动力。不是一头钻进书里，不动脑子死记硬背，他们说：'我会寻找串联每个讲座的主题以及潜在的规律。'"

她的研究还指出："当具有固定性思维模式的学生考得不好的时候，

他们基本上很难提高分数。"无论孩子是在东方，还是在西方，无论是在中国，还是在美国，都是如此。思维模式对于学习成绩至关重要，拥有成长型思维模式就会拥有未来。

绘本《全速前进》是培养成长型思维模式的佳作。

一年一度的"全速前进"大赛就要到了，拉斐尔拿到了他的专用套盒，像其他孩子一样，争分夺秒地开始按照盒子里的说明来组装卡丁车。可是玛雅却不慌不忙——她组装出来的也不是卡丁车。在书中有玛雅一句话："谁说它非得是卡丁车？"对啊！绘本前面出现组装盒子的图案上没有写"卡丁车"，包装上写着："全速前进。"拉斐尔决定和玛雅组队参加比赛。同学们组装的都是卡丁车，而这两个小家伙合在一起组装成飞机。

来到比赛场地，在同学们还没来得及尽情嘲笑的时候，比赛开始了。当同学们都已全速前进，卡丁车消失得无影无踪的时候，玛雅才启动引擎，飞机飞上天空，不一会儿就超越了所有小朋友的卡丁车。最终拉斐尔与玛雅的"飞行卡丁车"赢得冠军。

想赢得冠军不单凭努力与勤奋，还要有智慧，用丰富的想象力、创造力突破常规，赢得的机会就会多。即使兔子半路上不睡觉，与它赛跑的乌龟也可以赢——乌龟坐汽车、坐火车、坐飞机能不赢吗？

孩子读了这本书很可能会在某一项活动中打破常规，跳出圈子，给人们带来惊喜。因为这本书就是一粒培养成长型思维模式的种子。别犹豫了，带着孩子一起读读吧！

让孩子知难而上

卡罗尔·德韦克年轻时非常执着于了解人们如何面对失败，但是她看到了一些意想不到的事情。

"面对这些有难度的测验，一个 10 岁的男孩拉了拉他的椅子，搓了搓手，抿了抿嘴，然后喊道：'我爱这个挑战！'而另一个男孩努力地做着这些智力测验，他抬起头时满脸开心：'你知道，我就想做这种信息量大的测验。'他们到底有什么问题？

"我不明白。我一直认为，人类分为可以应对困难和不能应对困难两类。我从来没有想过有人会热爱失败。这些孩子难道是外星人吗？"

后来卡罗尔·德韦克把这些认为失败只是自己在学习的孩子的思维模式定义为成长型思维模式。那么如何让自己的孩子拥有不怕困难，乐于挑战，迎难而上的成长型思维模式呢？

我们不得不面对一个现实：物质生活越来越丰富了，孩子的心理承受能力却越来越低了。再加之教育观念的落后，导致孩子成了脆弱的一代。很多孩子遇到困难不是不知所措，就是轻言放弃。在我做教师之初的 80 年代，班里完全放弃学习的无非就那么一两个，可是目前从小学四年级开始，学习成绩极差的学生比例明显上升，并且呈现出随着年级的升高，比例越来越高的趋势。

《意志力》一书中有句名言："身体受苦越多，精神成长越壮。"孩子们生活在蜜罐里"衣来伸手，饭来张口"，几乎没有受过一丝苦。"苦尽甘来"，没有生理体验很难上升为心理体验。

过去的学生除了很小就参加大人的体力活，学校的体育课上挑战身体极限的活动也较多。但是目前中国学校的体育课大多因噎废食，无论是在强度上，还是在练习量上都存在不足。笔者做过多次调查，很多学生不知道在长跑时什么是"极点"，因为多数学生没有体验过。

今天读到这样一篇文章《开学了！可怕的日本，"无情"到令人感到恐惧》，无情的家长，让上小学的孩子自己坐公交车上学；无情的教室，极为简朴；无情的重量，学生自己拎着、背着大包小包；无情的老师，看着 2～3 岁的孩子自己换衣服；无情的午餐，吃自己种出来的食材做的食物，自己收拾餐盒等；无情的体育课，量大、强度大、难度大等。

在我国当今社会不可能再回到过去物质贫乏的时代，落后的教育观念又难以改变，导致孩子们缺少生理体验的条件，但是有一种形式可以替代，那就是阅读。

阅读文学作品可以使孩子从别人的故事中经历创伤后成长。新的研究表明，人们可以从他人的创伤体验中找到意义，获得个人成长，心理学称之为"替代韧性"和"替代成长"。在阅读文学作品时，你无形之中体验了主人公的喜怒哀乐，虽然没有主人公的生理体验，但是你与主人公心理上感同身受，因此同样会得到成长。

可以尝试一下，让幼儿园至六年级孩子读一读《勇敢的艾琳》，让孩子想象自己身在其中，体验经由暴风雪之夜，与主人公艾琳一起在困难中得到收获与成长。

在语文课堂上进行文本挖掘

课堂是培养学生成长型思维最直接、最有效、最便捷的主阵地。斯坦福大学数学系教授所著《成长型数学思维》一书中专门论述了在数学教学中如何培养成长型思维。无论是文科教学还是理科教学，都可以从中借鉴。笔者在这里谈阅读，因此专门谈语文课堂文本阅读，在教学中一定要注重那些培养成长型思维模式的资源。文以载道，流失太可惜！

读《新来的王老师》

希望每一位老师不仅自身拥有成长型思维模式，还要像王老师一样会培养学生成长型思维模式；也特别希望通过本篇的学习，让孩子学会用成长型思维对待每一位同学。

读小学语文课本第六册阅读材料选文《新来的王老师》，感觉此文更适合老师阅读，因为王老师是培养学生成长型思维的典范。

学生的自信来自教师的信任。王老师面对"后进生"蔡林时没有选择歧视他，这是多么难能可贵。虽然在第一节课因为让蔡林回答问题闹出笑话，但是王老师在课上不但没有恼火，而且在课后不声不响地进行深入调查。之后非常肯定地说："蔡林，我刚才提出的问题你会吗？我猜你是会的。"这种信任深深地感动了蔡林。很多学生的自信来自教师的信任，这个道理已经在教学实践中得到了证明。

当蔡林主动承认自己是"差生"的时候，王老师却精心地为蔡林准备了"差生档案"——

贝多芬学拉小提琴时，他的老师说他绝不是当作曲家的料。

《物种起源》的作者达尔文在自传里透露："所有的老师都认为我资质平庸，与聪明不沾边。"

爱迪生小时候反应奇慢，老师认为他没有学习能力；爱因斯坦四岁才会说话，七岁才会认字。物理学家牛顿小学成绩一团糟；俄国作家托尔斯泰大学时因成绩太差被退学；英国首相丘吉尔小学六年级曾留过级；艺术家罗丹考了三次都没有考进艺术学院……

王老师用这些鲜活的案例，告诉蔡林一个事实——人的潜能是无限的。可惜的是王老师所举案例都来自国外。其实，国内也有很多这样的案例：苏步青由"背榜"变成"头榜"的故事；曾经被学校开除的物理学家杨福家先生的经历；华罗庚初中数学有不及格的经历……

如果把这些中国本土的故事提供给蔡林，他一定会更受鼓舞。中外这样的事例很多，都是在说明：人生是一个漫长的过程，有些人只是暂时尚未达到优秀。

"蔡林把信纸放回信封里，小心折叠起来，放进口袋，大踏步回家去。他一面走，一面伸手摸着衣袋，好像里边装着宝贝似的。"这一处细节描写预示着这个失败者的身份一定会发生变化。虽然文章末尾没有写蔡林以后的人生，但是我们能确定蔡林一定会用成长型思维模式开始新的人生旅程。

王老师是一个培养学生成长型思维的高手。这个在小学语文课本里出现的典范，是每一个学科老师学习的榜样。具有固定型思维模式的老师会认为：蔡林这个学生太坏，他第一节课就拒不合作；蔡林这个差生，我无能为力了。具有成长型思维模式的王老师思考的是同学们嘲笑蔡林，背后的原因我一定要弄清楚；我用什么办法来改变蔡林。因此才有后面王老师精彩的"'差生'档案"故事。

蔡林即使在课堂上懂得老师所讲内容也不敢出声应答，原因是他对自己失去信心，用固定型思维来确定自己是"差生"这个身份。是什么原因造成的，不言而喻。特别需要指出的是文中"全班哄堂大笑"，说明这个班的孩子都是固定型思维模式的拥有者。

虽然这篇文章可能是虚构的，但是却很现实。如今分数教育导致学校成为固定型思维模式加工厂。卡罗尔·德韦克的研究证明：固定型思维的孩子在别人成功的时候，会感觉受到威胁，产生嫉妒心；在别人失败的时候却耻笑别人。整个班的人哄堂大笑，有的前仰后合，读到这里真的让人忧虑重重。因为在我的教育世界中，曾有过这样的现实。其实本篇这段描写里受伤的不仅仅是蔡林，还有全班同学。因为研究证明固定型思维的孩子未来不会太理想。

我希望通过本篇教学，启发每一位老师不仅仅自身要具备成长型思维模式，还要像王老师一样会培养学生，使他们具备成长型思维模式。我也特别希望通过本篇学习，让每一个孩子学会用成长型思维对待每一个同学。

用成长型思维浅析《唯一的听众》

作品讲述的是"我"由最初笨拙地练琴，觉得没有希望，到后来成为小有成就的小提琴手的故事。在成长的过程中，固定型思维模式和成长型思维模式同时伴随过"我"，特别是起初"我"的思维模式中固定型思维模式很明显。

文章开头说："用父亲和妹妹的话来说，我在音乐方面简直是一个白痴。这是他们在经受了我数次'折磨'之后下的结论。我拉小夜曲就像在锯床腿。"这导致"我"不敢在家练琴。成长型思维模式下没有人能定义你，除非你把权利交给别人。显然父亲与妹妹的话导致"我"缺少了自信。是什么力量促使"我"找到一个"安静"的地方继续练下去？是成长型思维。

关于思维模式的研究结果表明，每一个人都同时拥有两种固定型思维模式和成长型思维模式，每个人的思维模式都是这两种思维模式的混合体，思维模式并不是一个非此即彼的命题。在特定的情况下，可以通过一个人弃用哪种思维模式，来判断此人最终是用什么思维模式来指导行动的。

假如作品中的"我"是一个拥有成长型思维模式的人，就不会偷偷摸摸找一个僻静的地方去练琴。但"我"即使被父亲与妹妹否定，甚至遭到讽刺挖苦，也就是遇到了障碍与挫折，也没有放弃，而是继续坚持练下去。这又说明"我"是一个具备成长型思维模式的人。

后来"很快我就发觉自己变了。我又开始在家里练琴了。从我紧闭门窗的房间里，常常传出基本练习曲的乐声"。此时的"我"思维特征已完全发生变化，在"聋老太太"的鼓励下已拥有了成长型思维模式，已不再是思维模式的混合体。

由此，我们想到培养成长型思维模式，除自身的坚持以外，还需要有一个良好的教育环境。"聋老太太"是专家，她能很快就发现"我"是一个初学者，因此用诗一样的语言鼓励"我"练下去。"也许我会用心去感受这音乐。我能做你的听众吗，每天清晨？""每天清晨"这一句话分明在嘱咐"我"坚持下去。

每天清晨练习过后，她总不忘说上一句："真不错，我的心已经感受到了。谢谢你，小伙子。"这句话分明是对练琴人的指导，拉小提琴需要的不仅仅是手臂，最重要的是心！"我"的变化由此发生。

"每天清晨，我要面对一位耳聋的老人尽心尽力地演奏；而我唯一的听众总是早早地坐在木椅上等我。有一次，她说我的琴声能给她带来快乐和幸福。我也常常忘记她是聋人，只看见老人微笑着靠在木椅上，手指悄悄打着节奏。她慈祥的眼神平静地望着我，像深深的潭水……"当一个人的成长给别人带来幸福的时候，这种价值感有多么大的驱动力啊！

其实在教学生涯中，每一位老师都曾有过这样的体验：上课遇到"山重水复疑无路"的时候，学生积极参与让课堂呈现出"柳暗花明又一村"；在日常教学中老师时时为学生刻苦学习所感动。此时此刻停下脚步，与学生分享你的幸福，这是多么惬意的时刻！这也是培养学生成长型思维模式的良机。

因此，成长型思维模式的培养环境是由老师用心来创造的。要用爱心＋耐心来建设一个培养成长型思维模式的气场，只有这样，即使"拙笨"的学生也会充满希望地坚持下去，等待着花开时刻的到来。

在良好的环境中，"我"终于坚持下来；终于让修音乐专业的妹妹刮目相看；终于"在各种文艺晚会上，我有机会面对成百上千的观众演奏小提琴曲"。

为了培养学生成长型思维，在学习本篇课文的时候，让学生回顾四年级下册语文课本中的《纪昌学射》。五年级下册语文课本中的《刷子李》，还可以提供初中教材出现的《卖油翁》，让学生更加深刻地理解，每个人成功的背后，不一定是天赋，更重要的是坚持不懈努力练习。这正是培养成长型思维模式的核心要义。

用成长型思维浅析《顶碗少年》

顶碗少年是一个典型的拥有成长型思维模式的人。第一次面对失败："顶碗少年歉疚地微笑着，不失风度地向观众鞠了一躬。"第二次面对失败，少年虽然有些不知所措，但是很快在白发老者的安慰下，调整好自己，顺利地完成了表演。观众将掌声送给这顶碗的少年，更应该送给白发老者！

少年在两次失败的情况下，没有放弃，没有气馁，而是展现出百折不挠的精神，这正是成长型思维模式的特点；而固定型思维的人面对失败与挫折通常选择放弃，即使不放弃，信心也会受到严重打击。如果顶碗少年在第二次失败的时候失去信心，第三次一定不能成功。

第一次失败，少年还能从容淡定，但是第二次失败后，他"呆呆地站着，脸上全是汗珠，他有些不知所措"。此时此刻固定型思维是不是占据上风？假如放弃第三次，或者白发老者上台对少年呵斥，这样的结果是什么？很可能这次表演就会在少年心中留下终生的阴影，一次失败的行为，就会使得少年转换成另一个身份——失败者。这样就会形成固定型思维模式。

"（老者）走到少年面前，脸上微笑着，并无责怪的神色。他把手中的碗交给少年，然后抚摩着少年的肩胛，轻轻摇了一下，嘴里低声说了一句什么。"老者的微笑是对顶碗少年面对失败时最好的示范与鼓励；特别是抚摩少年的肩胛，轻轻地摇一下——这是一个技巧，心理学称之为触碰效应。

科学研究证明，触碰在维系、增强社会交往、合作中起着重要的作用，以至我们的身体进化了一种特殊的路径，从皮肤直达大脑，并且直接与大脑中的情感有关区域相连。人类的皮肤里有一种特殊纤维，这种纤维专门为传递社会交往中触碰产生的愉悦感而生。

因此，这轻轻一碰，是消除少年紧张感的最好手段，使少年又进入兴奋表演状态。紧张、恐惧使人血管收缩，心脏的泵血量降低，导致大脑供血不足，因此忙中出错；而兴奋使人心脏跳动加快的同时，还更有力，泵出更多的血液，为人迎接挑战提供更多的能量。至于老者向少年说了些什么，我们不得而知，但我相信一定是激励少年再次尝试的正向话语。

白发老者是为人师者的榜样，在弟子"吃一堑"没有"长一智"且搞"砸锅"的情况下，依然不失风度地激励弟子继续，因此才使弟子"吃了两堑，才长了一智"！学生失败了，这时候最需要的是什么？读了这篇课文，给我们老师的启发是什么？如果在讲授此篇课文的时候，与学生分享自己的切身感悟，学生的成长型思维一定会在这堂课上得到升华。

顶碗少年的成长型思维如何形成的？答案不言而喻。

《落花生》：父亲是培养成长型思维的高手

许地山的父亲是培养成长型思维的高手，此话从何而来？摘录文章中的以下片段，加以说明。

> 父亲说："花生的好处很多，有一样最可贵：它的果实埋在地里，不像桃子、石榴、苹果那样，把鲜红嫩绿的果实高高地挂在枝头上，使人一见就生爱慕之心。你们看它矮矮地长在地上，等到成熟了，也不能立刻分辨出来它有没有果实，必须挖起来才知道。"
>
> 父亲接下去说："所以你们要像花生一样，它虽然不好看，可是很有用。"
>
> 我说："那么，人要做有用的人，不要做只讲体面，而对别人没有好处的人。"
>
> 父亲说："对，这是我对你们的希望。"

父亲在言谈中表现出对高高在上、鲜红嫩绿的那些果实不是很欣赏。研究证明，拥有固定型思维模式的人常常以表现为目标，这正是父亲以花生为话题让孩子们摒弃的思维模式。最让父亲赏识的是"虽然不好看，可是很有用"的落花生，这恰恰是成长型思维模式所表现出来的特点。

父亲与孩子们秉烛夜谈，谆谆教诲，因此成长型思维深深地在许地山心中扎下根。"我们谈到深夜才散。花生做的食品都吃完了，父亲的话却深深地印在我的心上。"正因为有了这种思维模式，才会有许地山以后精彩的人生！

德韦克和同事让一群初中生学习一系列科学原理，给其中一半的学生设立表现目标，给另一半的学生设定学习目标。

两组学生证明他们已经掌握这些内容之后，研究人员要求学生把所学的知识应用到一系列新问题中，这些问题和他们刚才学的知识有关，但不是完全一样。在应对这些新挑战时，带有学习目标的学生最后得分明显更高，他们的学习时间也能持续更长，并且会尝试更多解法。

德韦克写道："为了坚持下去并不断尝试，有学习目标的学生不会觉得他们已经擅长什么了。毕竟，他们的目标是学习，而不是证明他们很聪明。"

伦敦大学的克里斯·沃特金斯在回顾了100多项关于学生学习动机的研究之后，其报告的分析表明，虽然以表现目标为导向和以学习目标为导向都能驱动学生的积极性，虽然在成绩优异的学生身上，这两种导向都有所体现，但是，专注于表现的学生"在学业方面会有所欠缺，批判性的思考较少，克服失败更为困难"。

基于以上研究，我们不得不敬佩文中的父亲，一次吃花生的经历，为幼小的许地山形成良好的成长型思维模式打下深深的基础，而落花生后来也成了许地山的笔名。

用成长型思维浅析《"精彩极了"和"糟糕透了"》

20世纪中期，一种教育方式风行于美国——自尊主义运动，在学校里为了维护学生的自信，老师进行不断的赞扬来使学生获得自尊，其结果导致学生唯我独尊，严重自恋。

从1982年至2008年，美国的研究者运用从20世纪70年代形成的测试自恋性格和同理心的有关问卷，对美国的大学生进行了107项研究和评估。

对所有数据的分析显示，大学生自恋性格的平均得分一直在稳定地升高，而同理心的平均得分在稳定地下降。学者的结论是当前美国有30%的年轻人有自恋型性格。这个数字在过去的30年中翻了一倍，而同理心的评分则下降了40%。

这项自尊主义运动导致学生人格上自恋，学习整体成绩下降，犯罪率也上升了很多。强调赞赏，忽略了孩子在逆境中的应对能力与挑战能力，造成了学生自恋的心理，而自恋是固定型思维模式的典型表现形式之一。

基于以上资料，我们不得不敬佩巴德·舒尔伯格的爸爸，正因为"糟透了"才使世界上多了一个作家。"母亲一念完那首诗，眼睛亮亮的，兴奋地嚷着：'巴迪，真是你写的吗？多美的诗啊！精彩极了！'她搂住了我，赞扬声雨点般落到我身上。"母亲的赞扬导致"我既腼腆又得意扬扬"，并且"整个下午我都怀着一种自豪感等待父亲回来"。

"哥伦比亚大学的脑波研究结果显示，固定型思维模式者只会对反映其能力高低的反馈展现出兴趣。

"他们的脑波显示，他们在被告知自己的答案是对是错的时候注意力非常集中，但他们在得到可以帮助他们学习的信息时没有展现出一丝兴趣。即使自己的答案错了，他们对正确答案也毫不关心。

"只有具备成长型思维模式的人，才高度关注可以提高他们知识水平的信息。对他们来说，学习才是第一要务。"

以表现为目标也会有驱动力，巴德·舒尔伯格在母亲的鼓励下，一直坚持着写作。在"糟透了""写得不怎么样，但还不是毫无希望"的父亲鞭策下，未满十二岁的他"根据父亲的批语""学着进行修改"。"几年后，当我再拿起那首诗，不得不承认父亲是对的，那的确是一首相当糟糕的诗。"也就是此时巴德·舒尔伯格的思维模式发生了变化。正因为思维模式的变化，才有"出版了一部部小说、戏剧和电影剧本"的结局。

丹尼尔·平克在《驱动力》一书中写道："专精是一种思维模式。"也就是说在文学创作之路上，正是因为在父亲冷静的、近似残酷的调教下，"我"的思维模式发生了变化，"小心，注意，总结，提高"使"我"在文学创作的路上走向了精彩！

本文开头从科学的角度提示世人，一味地称赞会导致教育的失败；巴德·舒尔伯格从文学的角度阐述了一味地称赞会掀翻生活的小船；卡罗尔·德韦克研究证实，一味地赞扬孩子聪明、棒极了会导致孩子固定型思维模式的形成。

本篇不仅仅是写给孩子们，还极大地启发了我们成人以及为师者！

培养成长型思维美篇：《通往广场的路不止一条》

"有一次，父亲带着我，爬上教堂高高的塔顶。脚底下，星罗棋布的村庄环抱着罗马，如蛛网般交叉的街道，一条条通往城市广场。

"'好好瞧瞧吧，亲爱的孩子，'爸爸和蔼地说，'通往广场的路不止一条。生活也是一样，假如你发现走这条路不能到达目的地的话，就可以走另一条路试试！'"

以上是《通往广场的路不止一条》中的对话。"通往广场的路不止一条"，这是一个孩子在父亲带领下所获得的一种身临其境的体验。这种体验也成为他人生的一种思维模式——成长型思维模式。

"此后，我一直把父亲的教导记在心间。"正是有了这种积极的思维模式，所以"我"从不轻言放弃，两次绝处逢生。

此文浅显易懂，但是仔细品读，却有很大的张力。其张力就在于，这是一篇培养孩子成长型思维绝妙的文章。

当遇到障碍的时候，拥有固定型思维模式的人想到的是放弃；拥有成长型思维模式的人想到的是自己忽略了什么，还有什么方法没有尝试过。因为拥有这样积极的思维模式，"我"才能越过人生两道难过的坎，使自己的事业发展起来。

在学习阶段，学生肯定会遇到各种各样的困难。有些学生对待困难不是寻找出路，而是寻找各种借口，真正的失败者就是从找借口开始的。学习本篇最重要的收获是让学生不为失败找借口，要为失败找原因，进而帮助学生形成成长型思维模式。成长型思维模式一旦形成，学生也必将像"我"一样受益终身。这就是文以载道的教学目标真正地达成。

通过本篇学习，我们明白了积极思维在寻找成功方法上的重要性。为强化学生成长型思维模式的形成，可以让学生搜集古今中外"条条大路通罗马"的案例。以下典型案例可供老师们备用。

大文学家蒲松龄曾屡试不第，但他并不因此颓丧，而是写下一副对联来表达自己的志向："有志者，事竟成，破釜沉舟，百二秦关终属楚；苦心人，天不负，卧薪尝胆，三千越甲可吞吴。"此后，他在家门口摆上桌凳，端出茶水，让过路人给他讲各种传说故事，二十余年，从不间断。正是在搜集这些材料的基础上，蒲松龄才写成了著名的文言短篇小说集《聊斋志异》。

富兰克林因家境贫寒，没有上学的机会。但是，自学使他成为18世纪美国的实业家、社会活动家、思想家、文学家和外交家，也是美国历史上第一位享有国际声誉的科学家和发明家。

1982年，马云第一次参加高考，首次落榜，数学只得了1分；1983年，马云第二次参加高考，再次落榜，数学提高到了19分；1984年，马云不顾家人的极力反对第三次参加高考，这次数学考了89分，终于进了大学。正因为马云坚持不懈地思考怎样学好数学，才有了进大学的机会，正因为他拥有这种积极的思维模式才使他成为今天的马云。

老师们还可以举办一个故事会，请长辈讲述自己人生中绝处逢生的经历，这些身边的案例对学生更有启发。也可以让学生展开社会调研，讲述通往成才之路——三百六十行，行行出状元的故事。

《剥豆》一文中的母亲

孩子的生命，自有他该有的轨迹，该承受的，该经历的，他都应有完整的体验。失望失误失败，伤痛伤感伤痕，自有他的价值。

——《剥豆》

母子剥豆比赛，结局是儿子愿赌服输。

"我"在比赛的过程中几次想为了让儿子取得虚假的胜利而放慢速度，最终还是理智战胜了自己，毕竟诚实的失败是比虚伪的成功更精彩的结局。

"'我少，我就是输。'没有赌气，没有沮丧，儿子认真和我争。脸上仍是那如山泉般的清澈笑容。"这个精彩的结局绝非这一场比赛就能成就的。

文末的反思更给人以启发："孩子的生命，自有他该有的轨迹，该承受的，该经历的，他都应有完整的体验。失望失误失败，伤痛伤感伤痕，自有他的价值。"正是因为日常有这样的观念，才培养出一个具有成长型思维模式的儿子。

在筛选宇航员申请的时候，美国航空航天局拒绝了那些经历简单、一帆风顺的人，而是选择那些曾经历过重大失败，并且重新站起来的人。

俄罗斯出色的舞蹈家玛丽娜·谢米诺娃挑选学生，一开始都要经历一个追踪期。她会观察这些学生对称赞和惩罚有怎样的反应，那些对惩罚反应更积极的学生她认为更值得培养。

以上两个案例在选人的时候都主要根据思维模式来决定，因为思维模式决定人的未来与成就。

关注成功，还是成长？

固定型思维模式者，不会从失败中学习并纠正自己的失败，他们的脑波显示，在被告知答案对与错上注意力非常集中，而对帮助他们学习的信息丝毫不感兴趣。相反他们可能只是去尝试修复自己的自尊，比如自己的考试成绩低了，会找那些成绩更差的人比较，以达到心理平衡。或者在失败时找借口，比如文中的儿子借口本来可以有无数个：妈妈是成年，当然比我强；妈妈原来盆里有豆；我心情不好，剥豆就慢了等。但是文中的儿子输得却是那么心甘情愿。为什么？因为儿子是拥有成长型思维模式的人，所以与拥有固定型思维模式的人表现相反。

"在外面竞争是靠实力，谁会让你？让他知道，失败成功皆是常事。"母亲通过实际行动用生活中的小事让儿子得到了历练。

生活中具有讽刺性的一个现象是：人生的顶峰是许多拥有固定型思维模式的人渴望攀登的，却是很多拥有成长型思维模式的人在工作中由激情带来的副产品。拥有成长型思维模式的人关注的不是成功，而是成长。

孩子失败时，我们该说什么？特别提示，切忌文中母亲最终错误的做法，为儿子失败找借口。培养成长型思维模式，当孩子失败的时候我们应该说什么？用以下顺口溜做总结——

> 失败了你还说棒，
>
> 假话的确不怎样；
>
> 裁判不公题不好，
>
> 责任一律外面找；
>
> 这事本来不重要，
>
> 葡萄酸的还傻笑；
>
> 有能力，下次赢，
>
> 为何这次你不行；
>
> 这次本来不该赢，
>
> 此话当真很无情，
>
> 最重要的是清醒，
>
> 加倍努力成精英！

本篇强烈推荐给年轻的母亲阅读，培养孩子成长型思维模式从生活中的点点滴滴开始。

用成长型思维浅析《刷子李》

《刷子李》是一篇小说，既然是文学作品就会有虚构成分，但我们相信在生活中与刷子李类似的人实属不少。需要说明的是，这篇小说叙述的也是成长型思维模式助人成功的典型案例。

刻意练习，是成长型思维模式背后的方法论。刷子李的绝活非一日之功，但是为什么别的粉刷匠长年累月地干活却不能达到如此炉火纯青的地步？

《一万小时天才理论》有一个观点：要成为某个领域的专家，需要刻意练习一万小时。按比例计算就是：如果每天工作八个小时，一周工作五天，那么成为一个领域的专家至少需要五年。这就是一万小时定律。

为什么许多人干了一万小时依然平庸？甚至很多人在某个行业干了岂止一万小时，即使三万小时依然平庸，这是为什么？

当然，如果要成为大师，首先是要有时间做保证。著名心理学家艾利克森在"专业特长科学"领域潜心研究几十年，经过长期的调查研究得出这样的结论：在 18 岁之前，一般的小提琴手花在练习上的时间平均为3420 小时，优秀的小提琴手平均练习 5301 小时，杰出的小提琴手平均练习 7401 小时。

刷子李的绝活达到登峰造极的境界，一定是长期实践的结果。但是在各行各业都有长期实践的人。有的老师教了一辈子的书，却不能达到优秀；有的人开了一辈子车，却依然是一个蹩脚的司机；拥有巨大成就的富兰克林下了一辈子棋，却不是国际象棋界的高手。这是为什么？

本杰明·布卢姆是一名杰出的教育研究人员，他对 120 名成功人士进行了研究。他们的职业分别是奥运会游泳运动员、世界级网球运动员、钢琴家、雕塑家、数学家以及神经学专家。他说："经过 40 年对美国以及国外的校园学习的透彻研究，如果说一个人能学会什么东西，那么世界上其他人也都可以学会，只要在此前和当下给他们提供适当的学习条件。"也就是说，按照这个结论，刷子李能达到的别人也能做到。但事实却不是这样。

怎样学会？前提是什么？最重要的是必须经过刻意练习。也就是说刷子李的高超技艺一定是刻意练习的结果。

刻意练习的关键在于找到一系列的小任务让受训者按顺序完成。这些小任务必须是受训者正好不会做，但是又正好可以学习掌握的。完成这种练习要求受训者思想高度集中，这就与那些例行公事或者带娱乐色彩的练习完全不同。

刻意练习是达到专精不可缺少的要素，而专精就是成长型思维模式结出的果。刷子李专精的技艺，同样是成长型思维模式结出的果。

本文同样还表达了成长型思维模式第二个层次的表现，即条条大路通罗马，人生通往成功的道路不止一条，三百六十行，行行出状元。

不被盛名宠坏

> 著名科学家爱因斯坦说过："在所有的世界著名人物当中，玛丽·居里是唯一没有被盛名宠坏的人。"
>
> ——小学课本第六册《跨越百年的美丽》

多年前参加一次培训，教授讲了一个听起来既搞笑又很悲哀的故事。虽然听起来很荒诞，但我相信这是真的。

有一个学生在小学期间学习成绩始终是全校第一名，以第一名的成绩考入了初中；上了初中后仍然处在前列，以第一名的成绩考取了当地最好的高中；在高中依然是勇冠三军，又以第一名的成绩考取了大学；进入大学后依然是第一，并且四年后以第一名的成绩考上了研究生；在读硕士研究生的时候，成绩第一仍然无人撼动，但是他读完硕士研究生就想终止自己的学业。导师感觉这么优秀的学生放弃学业太可惜，于是做了大量的思想工作，家人以及周围的朋友也都劝说，他才勉强答应下来，原来他心里有个顾虑，担心自己读博士的时候不能再第一了，于是就产生了放弃学业的念头。他的确是人才，在读博士期间依然是最优秀的。但是博士读完后，他毅然而然放弃研究工作，决定去当一名教师。对此，大家疑惑不解。他说："当老师的目的只有一个，就是要教出能考第一的学生。"

做研究工作一定有很多不确定性，他担心自己被摘掉皇冠，成为平庸之辈。因此他选择了逃避。

研究显示，拥有固定型思维模式者，有的学习成绩优异，他们从小在掌声与鲜花中成长，这些学生很有可能变成"风险抗拒型"的人。

有的学生在小学优秀，到了初中就不见得有优势了，有的可能到了高中才出现这一问题。因此拥有固定型思维模式的学生一旦考试出现失误，或者一次考试失败的行为，就会改变身份成为失败者。"越优秀越脆弱"这个规律就体现出来了。

每一年在临近中高考都会出现原本优秀，在最后时刻却表现越来越差的学生，成绩的压力将其推向即将崩溃的边缘，有的甚至因为焦虑或者抑郁不能在学校坚持学习。学习成绩优秀但拥有固定型思维模式的学生有一颗脆弱的玻璃心，他们输不起。

拥有成长型思维模式的人认为成功源于最大的努力，源于学习和自我提升，他们的关注点在自己成长上，而非成绩。因此拥有这样思维的人，他们会更容易成功，因为他们没有不必要的能量消耗。无论是百米跑，还是马拉松，如果一个运动员总是回头看对手是否要超越自己，试想，这样能跑出好成绩吗？

结合上面的案例，卡罗尔·德韦克这句话不难理解："顶峰是很多固定型思维模式者渴望到达的地方，却是很多成长型思维模式者的工作激情带来的副产品。"

"她从一个漂亮的小姑娘，一个端庄坚毅的女学者，变成科学教科书里的新名词'放射线'，变成物理学的一个新的计量单位'居里'，变成一条条科学定律，她变成了科学史上一块永远的里程碑。"

"居里夫人的美名，从她发现镭那一刻起就流传于世，迄今已经百年。这是她用全部的青春、信念和生命换来的荣誉。她一生共得了 10 项奖金、16 种奖章、107 个名誉头衔，特别是获得了两次诺贝尔奖。她本来可以躺在任何一项大奖或任何一个荣誉上尽情地享受。但是，她视名利如粪土，她将奖金捐赠给科研事业和战争中的法国，而将那些奖章送给 6 岁的小女儿当玩具。她一如既往，埋头工作到 67 岁离开人世，离开心爱的实验室。直到她死后 40 年，她用过的笔记本里，还有射线在不停地释放。"

以上这两段是不是对德韦克所说的话的最好诠释？

《跨越百年的美丽》是小学语文六年级的课文，学习此篇可以播种下成长型思维的种子。如果这颗种子在学生心中发芽破土而出，就不会有那些可笑，甚至可悲的故事发生。

两个唐代文人生命长度的再思考

题记:《两个唐代文人生命长度的思考》本是我 2011 年写的
文章,自从接触到卡罗尔·德韦克的研究成果后,这篇文章让我
再度思考。

思维模式不仅影响一个人的成败,还影响生命的长度。

有这样两位唐代文人兼政治家,他们同科及第,因共同参与一场政治
改革而同时遭贬。十年后,两人同时再次被贬。他们文学才华难分伯仲,
政治主张与理想如出一辙,两个人可称莫逆之交。命运的蹉跎是那样相
似,但是其中一人英年早逝,一人却活到了古稀之年。

生命的长度为什么如此迥然不同?抛去遗传因素以及所生活的环境,
我在读着他们文字的时候,从另一个角度也能看出其中的端倪。

“海畔尖山似剑铓,秋来处处割愁肠。”(《与浩初上人同看山寄京华亲
故》)秋风萧瑟人断肠,作者此时此刻的心情是多么悲凉?

“自古逢秋悲寂寥,我言秋日胜春朝。晴空一鹤排云上,便引诗情到
碧霄。”(《秋词》)看,这也是咏秋之作,可风格是多么豪放。

“城上高楼接大荒,海天愁思正茫茫。惊风乱飐芙蓉水,密雨斜侵薜
荔墙。岭树重遮千里目,江流曲似九回肠。共来百越文身地,犹自音书滞
一方。”(《登柳州城楼寄漳汀封连四州》)作者登高远望看到的是荒凉寂
寞,心情是空虚没有着落——迷迷茫茫。恰恰此时疾风吹来骤雨,风肆意
地吹水中亭亭玉立的芙蓉,雨肆意地打附墙而长的薜荔。纵目远望,却被

层层岭树遮住视线，看不到远在千里的友人，那弯弯曲曲的江水招惹得人肠一日而九回。朋友们分散在荒僻的落后地方，音信难托茕茕孑立、形影相吊。登高后心情之凄苦溢于言表，字字含悲，哀婉欲绝。

"湖光秋月两相和，潭面无风镜未磨。遥望洞庭山水翠，白银盘里一青螺。"（《望洞庭》）他遭贬路过洞庭湖，却沉醉于秀美的山水之中，将洞庭湖的美景描绘得如此充满情趣。此时此刻的他如果没有宽阔的胸怀，如何能达到忘情于山水，不以己悲的地步？

而他即便面对小石潭那优美清幽的环境也不免怅然失落，文末"以其境过清，不可久居，乃记之而去"，悲凉心情油然而生。

可他的挚友在屡受同样的打击时却能想到"沉舟侧畔千帆过，病树前头万木春"，面对糟糕的境遇却是如此达观。

"莫道谗言如浪深，莫言迁客似沙沉。千淘万漉虽辛苦，吹尽狂沙始到金。"《浪淘沙·莫道谗言如浪深》不要说流言蜚语如同凶恶的浪涛一样令人恐惧，也不要说被贬低的人好像泥沙一样永远颓废沉迷。淘金要经过千遍万遍的过滤，要历尽千辛万苦，最终才能淘尽泥沙，得到闪闪发光的黄金。可以说此诗是他的作品中坚强与乐观的集中体现，因此才有他身居陋室，却大有"春风得意"的豪气。

尽管他们有很多的相同，但是在性格特点上却是天壤之别，他时时有"零落残魂倍黯然，双垂别泪越江边"的情绪，这种忧郁的性格用现代的医学观点判断寿命自然不会长久，仅仅四十七岁就抑郁悲愤而辞世；而他的朋友能活到古稀之年也在情理之中。

文字中满是消极情绪的作者是柳宗元，另一个有着积极情绪的是刘禹锡。一个拥有的是固定型思维模式——面对挫折，感到未来渺茫，没有希望，甚至绝望。一个拥有的是成长型思维模式——相信未来，即使失败了，总是能看到希望，并且充满信心。

由此我想到了一个非常关键的问题——生活中那些能左右我们情绪的是词语，而词语的来源不是情绪，而是思维模式。

在课外阅读中培养成长型思维模式

在这里特别提倡学校开展无压力的课外阅读，让孩子读自己喜欢的书。当然这需要教师与家长先行阅读或者同步阅读，从中提炼出成长型思维要素，在与学生的交流中影响学生。

荐读《野性的呼唤》：超越自我

《野性的呼唤》是杰克·伦敦最负盛名的小说之一，故事围绕着当时社会中盛行的淘金热，将在这种特殊环境中挣扎的狗的世界表现得淋漓尽致。故事主要叙述了"主人公"巴克从文明的人类社会回到狼群原始社会的过程。

从小生活在温室环境中的巴克被拐卖到原始荒野当雪橇狗。残酷的现实激发了巴克由于人类文明的长久熏陶而向大自然回归的本能和意识。恶劣的生存环境锻炼了巴克，使它在历练中不断成长，最终通过战胜狗王斯匹茨坐上了拉雪橇狗群中的头把交椅。

当残暴的哈尔将巴克打得遍体鳞伤、奄奄一息时，约翰·桑顿的解救让巴克感受到温暖并决定誓死效忠主人，但主人的遇害彻底打碎了巴克对人类社会的留恋，从而促使巴克坚定决心，替主人复仇以后，毅然走向荒野，回归自然。

首先，我们讨论一个关于生命的话题。

《易经》有一句话："天地之大德，曰生。"有关这个"生"字的理解，通俗的解释就是对生命的重视。但是我国古老的文化中对生命的重视绝非让人苟且偷生。孔老夫子说过"志士仁人，无求生以害仁，有杀身以成仁""朝闻道，夕死可矣"这样的话。

巴克忍辱负重，从一条高贵的、陪主人一起玩耍的狗，变成拉雪橇的劳力狗，它觉得这是无法忍受的侮辱。这期间它抗争过，但代价就是走向死亡。最初进入野蛮的环境中，红衣人用大棒给它的教训让它终生难忘，也就是它必须承认自己是一条任人宰割的狗。"小不忍则乱大谋。"这"大谋"就是生命是否存在。

为了生命的存在，巴克不择手段。在恶劣的条件下，也就是在失去文明的环境中，它学会了偷窃——如果它不偷窃食物就会因体虚而亡。一条来自南方的狗为了适应北方的恶劣环境，必须要有强壮的身躯才行。

在与领头狗斯匹茨的斗争中，巴克使用了阴谋诡计。在斯匹茨不择手段的袭击下，巴克更是技胜一筹，终于杀死了自己的对手。

在儒家文化中，孔老夫子主张"君子无终食之间违仁，造次必于是，颠沛必于是""君子固穷，小人穷斯滥矣"。

对于巴克的偷窃等"恶行"，作者的笔调洋溢着欣赏与赞扬，为这条有智慧的狗不断地喝彩。

其实不难看出：中国文化中的"生"与西方文化中的"生"有着本质的区别。我们对生命的尊重是对别人，"对己"是有前提条件的。西方文化中的"生"完全是"利己"的。

那么西方人对自己生命的崇拜，是意味着西方人怕死吗？我们还是尝试从《野性的呼唤》中寻找答案。巴克在野蛮的状态下有两次赴死的经历。

第一次：当巴克战胜头狗斯匹茨取而代之时，主人哈尔执拗地不让它在头狗的位置拉雪橇。宁死不屈的巴克面对致命的大棒没有屈从，主人无可奈何地把它放在了应有的位置。

第二次：当主人哈尔残酷地对待这些雪橇狗时，巴克意识到这样下去只有死路一条，于是它选择了死亡。与其被屈辱地奴役而死，不如选择有尊严的死亡，任主人的大棒在它羸弱的身躯上挥舞。

仔细思考，我们无法去谴责一条在失去文明的状态下的狗的"恶行"。中国文化里也素有"仓廪实而知礼节，衣食足而知荣辱"之说。

我们再来思考另外一个问题，就是巴克的忠诚。

在《论语》中，共有18处谈到"忠"，《论语》以"忠恕"为中心，"忠"是衡量道德操守的一个重要标准。

最初，巴克忠于它的第一个主人——法官一家人；后来巴克忠于桑顿，甚至可以为了桑顿赴死。法官一家人对待巴克如同对待家人，桑顿对待巴克如对弟兄。这里的忠诚是文明条件下的产物。巴克产生"人性"来自文明。

读了小说我们能思考到东西方文化的重合与冲突，而且越品越有味道。令人震撼的是小说的结尾："不过它并不总是独来独往，当漫长的冬夜来到，狼群随猎物进了较低的山谷时，会看见它率领一队狼群，奔跑在苍凉的月色或朦胧的北极光下。它跳跃在伙伴们前面，格外显眼。它放开喉咙，高唱一曲原始世界的有活力的歌，那就是狼群之歌！"

小说从一条养尊处优的家畜狗写起，然后它经历了数次生死的波折，无论环境多么恶劣，只要不违背尊严底线就不放弃"生"，最终超越了自己，变成了狼。

巴克的成长过程，就是最好的成长型思维模式示范，读这部引人入胜的作品，很容易产生替代性成长，替代性韧性。

成长型思维故事：杀不死你的都会使你更强大

主人公奥吉是一个畸形人，生下来以后虽然经受了难以忍受的整形手术，但是他恐怖的丑陋的面部仍然改变不了。十岁的他硬着头皮去了一所私立学校，小说就此展开。

奥吉在这所学校经历了涅槃重生，终于走向正常人的正常生活。在毕业的典礼上，奇迹终于发生了——他人生第一次没有因自己丑陋的脸而自卑，他想：我就是我，原本就是一个普通的孩子。

当奥吉走进校园———张畸形的面孔出现在同学眼前时，人们常常好奇地围观并指指点点，有的甚至诧异地张大嘴巴盯着奥吉看。校园里的奥吉时时刻刻如芒在背——纠结、郁闷、羞耻、无奈。回到家以后，他躺在床上默不作声。母亲的抚慰换来奥吉的失声痛哭："妈妈，我为什么这么丑！？"

时间一长，人们对奥吉这张畸形的脸习以为常了，但是仍不愿意与之为伍。人们像躲避瘟疫一样躲着他，几乎没有人愿意当他的同桌。吃饭、上课、下课时，同学们也尽量躲开他。

班上只有一人不同，那就是杰克。杰克幽默、风趣、热情。奥吉决定上学前，来学校考察的时候，杰克是三位接待者之一。奥吉来上学，杰克选择与奥吉同桌，下课的时候与奥吉共同游戏、聊天。可是在万圣节的那一天，化了装、蒙上头部的奥吉来到班上，杰克不知道奥吉从身边走过，奥吉坐在其他同学的座位上，听到了杰克的一段话。奥吉终于明白杰克之所以这样对待自己，原因是他迫于校长图什曼的压力。一直视杰克为知己的奥吉知道真相后，他在校上学的精神支柱轰然倒塌，于是他决定不去上学了。

还好，奥吉迫于压力，还是硬着头皮来上学了。一向对待奥吉态度恶劣的同学朱利安，其妈妈是学校董事会的成员，她建议驱除奥吉。朱利安也变本加厉地打击奥吉，孤立与奥吉继续为友的杰克。接二连三地遭受打击，奥吉反而越来越成熟，越来越强大。这成熟离不开真心对他好的同学、老师、校长、爸爸妈妈和姐姐。

小说最值得人们深思的是：一个人的改变不是因为别人的接纳。小说以第三人称口吻叙说，让人明白一个道理，一个人的缺陷，随着时间的推移，别人已经不在意了，放不下的反而是有缺陷的自己。只有自己接纳自己，人生才会改变。

奥吉与杰克重新和好，危难的时候同学给予他保护，姐姐的朋友发自内心地关心他，毕业典礼上他获得殊荣。奥吉终于忘记自己那张让自己都厌恶的脸——奇迹发生了。

小说故事情节简单，在作者描述的畸形儿奥吉痛苦的成长经历中，读者能感受到奥吉的强大。

有缺陷的或者自认为有缺陷的，并因缺陷而自卑的人，请读一读这本书，你会明白一个道理——杀不死你的都会使你更强大。

读《想赢的男孩》，做智慧父母

学习成绩平庸，字写得很糟糕，绘画也不行，运动上缺少天赋，笛子吹得跑调等，在他的身上几乎看不到任何优势。日常生活中，他还经常"犯傻"，比如把老师的惩罚当成荣誉，把球踢进己方的球门，自己球队输了还欢呼雀跃，帮忙寻找走失的孩子却把自己走失，等等。

谁家有这样的孩子不发愁？尤其是在当今社会，甚至有的家长因有这样的孩子而蒙羞，感觉未来生活无望。《想赢的男孩》中的主人公辛可夫就是这样一个男孩。

我在读此书的时候，一边读，一边期盼着故事情节发生翻转，希望有一个特殊人物或者特殊事件出现，让笨男孩辛可夫发生蜕变。可是整部小说从头至尾都是在叙说一个想赢的男孩失败的窘事。

读完小说，我感觉有些失望，但是仔细回味作者最后情节的设置——两个比赛队伍都不肯要、被拒之门外的笨男孩辛可夫，坚定信念一定要加入其中一支队伍。他的目光让一方队长邦斯折服。整部小说以招呼辛可夫入队为结尾，戛然而止。咀嚼一下，猛然意识到：笨男孩辛可夫会有一个理想的未来。为什么？因为辛可夫的思维模式属于成长型思维模式。他是一个输得起并且执着的小男子汉。

根据卡罗尔·德韦克的研究得出结论，具有成长型思维模式的人成功率极高。那么具有如此败绩的辛可夫优秀的思维模式来自哪里？来自辛可夫具有智慧的父母。

在辛可夫上学的第一天，尽管妈妈语气坚决——让他等着妈妈一起去学校，但是辛可夫趁着妈妈上楼打扮一下的空当，还是独自一人偷偷地溜走；嘱咐不下五十次，不要戴着长颈鹿的帽子去上学，但他还是戴走了。

来看妈妈是如何对待不省心的辛可夫的。上学结束后，在接儿子回家的路上，妈妈没有责怪他，只是倾听他叽叽喳喳对学校一天的描述，并且把那顶在课间惹了很多是非的长颈鹿帽子戴在自己头上，惹得儿子哈哈大笑。

回到家里，晚餐前，晚餐后，睡觉前，辛可夫一直都在讲述开学第一天的事情。"你喜欢老师吗？"妈妈问。"今天有什么新鲜事？"爸爸问。然后，夫妻二人一直做倾听者。

想一想，不听话自己悄悄溜走；戴走反复强调不让戴的帽子；回家后一件事反复说——你生气吗？你烦吗？你能忍受吗？

一个不值得笑的词出现，却控制不住地笑。在课上课下以及回家还控制不住地笑，父母耐心地听着，直到他笑得把吃的东西从鼻孔里喷出来，才不得不禁止他。

有一天辛可夫自己早早来到学校，却发现学校门前冷清，大门紧闭。他只好呆坐在台阶上，等着学校开门。父母急匆匆来找他，因为那天是星期六——不上学。妈妈咬着嘴唇一言不发，爸爸把他抱起来。

本来不知输赢的辛可夫看到队友发泄失败的情绪，自己也随着大家发泄，并且表演夸张，还做出了出格的举动，母亲这才发出警告。

老师说："你写的字真是惨不忍睹。"辛可夫却高兴地说："谢谢！"他回到家里向父母炫耀："我的字真是惨不忍睹。"爸爸看到儿子如此自豪，只能说："这可真是应该恭喜你了。"妈妈还奖励了他一颗星。

学校开展"亲子工作日"活动。邮局规定投递时不允许带孩子，投递员爸爸只能利用周日的休息时间陪他完成这项活动。爸爸还特地为儿子准备了一大沓信封和白纸。辛可夫写了一百封虚拟的信件，爸爸则带着干粮不厌其烦地陪辛可夫认认真真挨家挨户投递。爸爸整整一天都在和儿子一起"犯傻"。面对这样的"傻"儿子，你是不是会失望和发愁啊！

　　为了给新结识的朋友送礼物，辛可夫自己在厨房做饼干，把厨房搞得一团糟，面粉和鸡蛋液被弄得到处都是。当他兴冲冲地将做好的饼干拿给新搬来的隔壁男孩时，对方却不领情，辛可夫只能自己吃掉，吃得呕吐不止。

　　辛可夫是全校闻名的"废物"，没有人与他交朋友。学校来了一个新同学，他有收集耳屎的怪癖。新同学与辛可夫交朋友，妈妈不但不反对，还支持他邀请这位新同学来家里过夜。假如这是你的孩子，把厨房弄得一团糟，与有怪癖的人交朋友，你支持吗？

　　户外运动日那天，辛可夫获得了一个"废物"的绰号。因失败非常沮丧的他，担心父母问起输赢，一直忐忑。回家后，父母不关心输赢，而是问起户外运动日是否有趣，关心他喜欢的项目，是否"出了一头大汗"。只是不谙世事的妹妹问了一句关于输赢的问题，引得辛可夫情绪大爆发。从哭闹的情绪中，父母判断出儿子一定输得很惨。一向节俭的爸爸什么也没说，而是浪费大量汽油开着车与儿子一起去兜风，途中抚慰儿子要学会放松，并强调永远有爸爸陪你。爸爸给儿子传递的信息是即使输掉一千次，爸爸也决不会放弃你。

　　你是不是很在意孩子的输赢和考试成绩？你考虑过孩子的兴趣与感受吗？认同成长比成绩更重要吗？

　　小说中还有如下一些细节：

　　辛可夫呕吐在爸爸的邮包里，妈妈冷静地处理呕吐物；

　　当儿子被老师赶出校园的时候，看着浑身发抖的儿子，妈妈只是冷静地打电话询问情况；

　　周六妈妈准备办一个院子拍卖会，即使妹妹的玩具拿来拍卖也要与辛可夫商量；（常常说孩子不听话的父母，看到这里您有什么启发？）

偶尔一次，也是仅有的一次考试获得好成绩，辛可夫飘飘然得意的时候，父母冷静地对看一眼，什么也没说；

小学毕业的那一天，发毕业证的时候，最后一个上台领证的辛可夫动作拙笨，但是他的父母是他永远的忠实观众，双手举过头顶为他鼓掌。

以上细节充分地说明辛可夫的父母爱孩子是没有条件的，并且是有智慧地去爱。这也正是培养成长型思维的先决条件。

在处理问题的时候先处理孩子的情绪，然后处理问题；面对孩子的失败，父母做孩子坚强的后盾，并且忽略输赢，夫妻二人给予孩子应有的尊重。正是因为夫妻二人对孩子的不放弃，才培养出辛可夫那不放弃、输得起的品质。这样的爱才是有智慧的爱，这样的爱才可以培育出拥有成长型思维模式的孩子。

在中国的校园里，当下令人忧心的现实是很多孩子被冠以"失败"的头衔，成功的只有寥寥无几的尖子生。还有更为残酷的现实，尖子生这些宠儿的未来并不见得有多么辉煌，其主要的原因就是思维模式的问题。

读一读这部在国际上获奖的小说，对孩子成长型思维模式的培养会给您深刻的启发。

荐读《安妮日记》：不怨天尤人

疫情严重时，封村了，封路了，封楼了，封户了。很多地区限制每日出门入户次数。

此种情况下，孩子们的内心是否产生恐惧？连日来深居一室，还要完成当下"停课不停学"产生的繁重的学习任务，由此孩子们出现焦虑、烦躁甚至消沉等心理问题在所难免。

目前很多教育工作者及家长只关注学生课本上的学习问题，学生的心理问题并没有得到重视。每一场灾难的来临，或多或少都会给人们留下心理创伤，如果在这次重大疫情事件中忽略心理问题的预防与治疗，其后果的严重性不可想象。

当下，让孩子们鉴赏《安妮日记》是解决上述心理问题的一剂良方。自由地呼吸一下室外的新鲜空气，对小姑娘来说都是一个奢望。为了避免惨遭杀戮，她白天不敢肆意笑出声音，即使在夜间也要蹑手蹑脚地生活。这是一个多么残酷的生存环境啊！但是在长长的 25 个月里，小姑娘却坚持读书、学习、写作。

虽然封门闭户了，但我们在阳台上，或者在自家的小院子里，可以信步，可以高歌，可以大笑！可以在网络上遨游，可以在电视中寻找欢笑。

与 25 个月相比，我们仅仅是刚刚开始，预估时间也不会太长。与之相比，幸运的我们何不像安妮一样拿起书本学习？

每天时时刻刻都受着死亡的威胁，但是她选择的是每天都不放弃自己的理想与追求。朝不保夕、生死未卜、饥寒交迫等这些词语难以形容、难以描述她在这 25 个月里地狱般的生活，但是她为了实现自己的理想，每天都不曾把学习放弃。

我们的危险是什么？只要我们闭门不出，或者因生活所需不得不出入的时候，做好防护措施，新冠病毒就不会闯入家门。相信疫情很快就将过去，放弃学习就是真的没有未来了！是不是？

她利用 25 个月阅读了《无忧的约普》《夏天的欢乐》《希腊罗马神话》《美丽的尼维尔内女人》《前锋》《森林永远的歌唱》《无云的早晨》《王世家谱和世系表》《电影和戏剧》《查理五世皇帝》《上校》《玛利亚·特蕾莎》《你对当代少女有何看法》《艺术史》（五卷）等 19 本书。

在这 25 个月中她还撰写了两部半作品，《夏娃之梦》《探险家布洛利》已完稿，《卡迪的一生》未写完。

在这 25 个月里她还自学了速记和法语，还迷上了舞蹈芭蕾，并利用晚上的时间刻苦练习。

比你危险，与你的生存条件无法相比的安妮，却有着如此的学习量。相比之下，你的学习任务还繁重吗？

暗无天日的藏匿生活，生活用品的极度匮乏，空袭时时刻刻威胁着生命，随时都有被法西斯恶魔发现的危险，在这种被极度恐惧伴随的生活里，人格有可能被扭曲。但读过安妮写的日记后，我们却感到：唯有积极向上的生命是鲜活的。

在藏匿的日子里，朋友家人每个人的生日，藏匿地点一次次险些被发现的恐惧以及过后的平静，一次次令人绝望的空袭过后的平安，一次次险象环生的惊悸，在安妮的笔下不仅令人心酸，还让人感觉到惊险刺激与浪漫！

该来的终究会来。灾难来了，就乐观面对，接受它。封控了，这就要用有效的阵地战打赢疫情这场战争；学习任务可能多而重，此时正是自我管理的最佳训练时机；弟弟妹妹在家很吵，这正是排除干扰投入学习，锻炼自控力的时刻。你们一定要记住成长就是不断挑战自己，让自己逐步走出舒适区的过程。

反复地阅读安妮那些乐观的细节，你不应该笑一笑吗？她自述："我一个人的时候，我觉得自己必须大哭一场！"但是她同时要求自己："我要振作！我要振作！""只要还有明媚的阳光和蔚蓝的天空，只要我能看到它们，我就不会感到忧伤。""如果上帝让我活下去，我一定不会庸庸碌碌地生活，我将为全世界贡献我的力量。""每当听到小鸟婉转地鸣唱，看到晴空如洗、万木变绿的时候，我的心里会产生多少渴望啊！这时，我的心里怎会不忧愁，怎会不伤感？""那阴沉沉的天空、急速卷动的乌云、猛烈的风，还有那雨，完全把我迷住了。"

这是一个多么热爱生活的小姑娘啊！仿照着安妮上面的句子写一写，写后读三遍，学着像安妮一样热爱当下的生活。

在疫情期间，家长陪伴孩子好好阅读、鉴赏一下《安妮日记》，与作者产生强烈的共鸣，意义非同一般。家长让孩子在阅读中比对一下疫情期间的生活，提示孩子：虽有很多相同之处，但是我们比安妮幸运很多。切记：我说的不仅是读一读，还要鉴赏。

读《西游记》，培养成长型思维——屡败屡战

我们重温一下面对困难，拥有成长型思维模式的人与拥有固定型思维模式的人的表现：具备成长型思维的人认为挑战可以帮助自己学习和成长，挑战越大也就意味着成长的空间越大。即使挑战失败了，他们也不会轻易否定自己，而是从过程中发现存在的问题，从而不断改进。具备固定型思维的人往往害怕失败，他们尤其担心自己被嘲笑、被否定，因此拒绝接受挑战。

《西游记》全书主要描写了孙悟空出世及大闹天宫后，与唐僧、猪八戒、沙僧和白龙马，一起西行取经，一路降妖伏魔，经历了九九八十一难，最终五圣成真的故事。

在经历九九八十一难时，师徒几人每一次都会出现两种思维模式之间的对话："散伙吧，我要回高老庄！""呆子，嘴巴长，见识短！俺老孙自有办法！"甚至在第74回路过狮驼岭遇到三魔的时候，一向执着的沙僧也与二师兄打开包裹分东西准备回家。在整部作品中，孙悟空不会在困难面前退缩，且屡败屡战。"办法总比困难多"这句具有成长型思维特性的话，在孙悟空身上体现得淋漓尽致。

在西天取经的过程中，虽然悟空神通广大，但是也有很多问题自己不能直接解决。只是孙悟空拥有典型的成长型思维模式，在失败面前绝不退缩，也不会一味蛮干。整部书有21次写到孙悟空主动去搬救兵，得以顺利解决问题，扫清前进的障碍。

具备成长型思维模式的人对自己的能力更有清醒的认知，对自己能力的评估更为准确。当然这也是孙悟空在成长过程中悟出的道理。最初他桀骜不驯，在乎荣誉、地位与名声，这都是固定型思维的表现。他因弼马温官不大而大闹天宫；因齐天大圣只是虚名，不过是看桃园的，为出恶气，他闯下大祸。最终如来出面，孙悟空被压在五指山下五百年，他这才知道

天外有天。

其实取经的过程就是孙悟空成长的过程，是一个从拥有固定型思维模式的顽猴转化为拥有成长型思维模式的圣者的过程。在九九八十一难屡败屡战的过程中，最令人敬重的是他那种不屈不挠的坚守。在《西游记》中有很多"三"出现，经检索全部书有 3032 处出现"三"。三打白骨精、三探无底洞、三借芭蕉扇、除三怪、战三魔等。"三"在古代含有"多"之意。按照心理学的规律，"一鼓作气，再而衰，三而竭"，但是孙悟空无论多少次受挫，从不气馁。

《西游记》第 24 回至第 26 回，讲师徒造访五庄观，孙悟空为了赔偿人参果树，搭救师父，历遍三岛十洲，访仙翁，求圣老，寻求起死回生、医治果树的仙方。他先去蓬莱仙境求福、禄、寿三星，无果；再去方丈仙山求东华大帝君，仍然无果；复去瀛洲见九老，还是无果；最后来到南海求助观世音，问题才得以解决。

第 50 回至第 52 回，师徒一行人路过金峣山，唐僧被金峣洞里的独角兕大王劫走。孙悟空与妖魔大战时，金箍棒被金刚琢收走；他搬来救兵后，哪吒的兵器也被收走；请火德星君用火来战，火龙、火马、火刀、火箭也全部被收走；请来水德星君，用水也无济于事；悟空偷回兵器再战，悟空、哪吒、火德星君、雷公、李天王的兵器又被收走。大家相互埋怨，悟空却笑道："列位不必烦恼，自古胜败乃兵家常事。"最后求助如来，如来让其找兜率宫的太上老君，问题才得以解决。

这些事件都不只是"三"的问题，解决起来，一波"四"折、"五"折。但是孙悟空始终不放弃目标，而且能笑对这些困难，没有成长型思维模式怎能笑傲三界？

还有在第 59 回至第 61 回借芭蕉扇、第 68 回至第 71 回盗紫金铃，这两个过程中都有得而复失的情节，这是多么令人烦恼、沮丧、懊悔的事情。但是为了搭救师父去西天取得真经，孙悟空依然重新抖擞精神继续战斗。这些都是典型的成长型思维模式的表现。

纵观《西游记》整部作品，九九八十一难，每一次都不是一帆风顺，而是困难重重。孙悟空每一难的故事情节都跌宕起伏，深深吸引读者。读这样的作品，人们一定受到那百折不挠成长型思维模式的影响，这也是这部作品自问世以来对人们有深刻影响的原因之一吧。

培养成长型思维的佳作《老人与海》

小说开头就说到老人八十四天没有收获了，但是老人一直坚持每天出海。

从人物设定来看，老人捕鱼的技术是超群的，但是命运居然再次开了一个大玩笑，又一个八十七天，老人依然没有收获。

在第四十天的时候，一直与老人朝夕相伴的渔童在父亲的干预下离开了他。男孩向老人诉说不得不离开的苦恼时，老人安慰他——"这很正常"。

但是老渔翁坚定地说自己有信心捕到大鱼。进酒馆吃饭时，还有人对八十多天没有收获的老渔翁进行嘲笑，但是老渔翁不以为意。

拥有固定型思维模式的人，仅仅遇到一次失败行为，就从心理上改变了自己的身份——认定自己是失败者，而且往往把失败归结于自己的无能。

拥有固定型思维模式的人，很在意别人的评价，甚至会因外界评价的影响而改变自己的行为方式。

男孩的父母说他倒霉透顶，很多渔夫拿他八十多天没有收获开玩笑；但是老人并不生气，而且并没有因为别人的议论改变自己，依然坚持每天出海打鱼——这是典型的成长型思维模式的表现。

只有你把权利交给别人时，别人才有可能定义你。如果你始终相信自己会不断成长，没有人能够左右你。

当小男孩说帮他弄鱼饵时，老渔夫欣然接受小男孩的帮助。"谢谢你。"老人说。他的心思很简单，压根儿不去想自己从什么时候起变得如此谦卑。他知道自己变得谦卑起来，而且知道这并不丢脸，也无损于真正的自我尊严。

拥有固定型思维模式的人不会谦卑，不是表现得完美无缺，就是找理由放弃。归根结底，是因为拥有固定型思维模式的人不能接受失败或者不完美，以致在面对失败时往往选择逃避。

以老渔夫的经验，他不可能不知道去深海打鱼的风险，但是他向自己发出了挑战。那里一只船也没有，可见他来到了人迹罕至的大海深处。

拥有固定型思维模式的人是"风险抗拒型"的人，他们逃避挑战；拥有成长型思维模式的人迎接挑战。

大鱼上钩，出人意料地大！整整两天两夜，老渔夫都在艰难地与大鱼斗智斗勇。脸被磕破了，左手抽筋，右手被绳子勒得血肉模糊……在杀死大鱼的那几个回合中，每一次挑战都接近老渔夫的生理极限。

最后，"他忍住所有的痛楚，积聚所有剩余的力量和消弭已久的豪气"，将鱼叉举到最高，用尽所有的力气，捅进大鱼的心脏。

本以为写到这里应该结束，我们应该为老渔夫欢呼，但是后来比这更惊险。又有六次与鲨鱼搏斗——鱼叉没了，把刀子绑在桨上；刀刃断了，用木棒……老渔夫从不放弃，每次都是对生理极限的挑战，直到老人上岸时吐血。最难能可贵的是：到了第二天醒来，老渔夫依然要整理好渔具，还要接着下海捕鱼。

拥有固定型思维模式的人遇到障碍与挫折的时候，通常找借口选择放弃；拥有成长型思维模式的人面对困难与挫折时，则表现出百折不挠的勇气，而且还会努力想办法解决问题。

这是一部典型的培养成长型思维模式的作品。我们在阅读这篇小说的时候一定要思考：面对生活和理想，自己是否全力以赴？困难与挫折是否能给我们带来成长？

典型的成长型思维语句应该铭记于心：一个人可以被毁灭，但不能被打败！

善良是成长之本

笔者自从到了教学质量好的高中学校工作后，发现一个现象：每一年高一年级在开学后两个月内，就会出现一个小小的退学潮。

当然，退学存在着各种原因，但是一个重要的原因就是这些学生不适应高中生活。为什么不适应？因为是优质高中，生源来自初中尖子生。

问题出来了，这些原本在小学、初中的宠儿，到了好的学校后，许多学生因"皇冠"旁落而产生巨大心理落差。于是有些学生选择了逃避，成了退学潮中的一员。

当退学遭到家人严厉拒绝后，有的学生在学校就成为"隐性辍学生"，他们选择什么也不学——懈怠，以此来维护他们可怜的自尊心——如果全力以赴还不能取得优异的成绩，那太丢人了。有的学生当遭到家人强烈反对的时候竟然选择走上不归路，令人痛心不已！

笔者发现以上这些状况后，在每一年新生入学初都开展相应的心理干预活动。这些曾为宠儿的学生无非有以下两种表现：一是迎难而上，一是知难而退；一是无条件、无理由坚持，一是找借口、找原因退缩。其实这就是成长型思维模式与固定型思维模式的表现。

开学就对新生进行成长型思维模式培训，收效虽然显著，但是依然有遗憾。成长型思维模式的形成绝非靠几场培训就能实现。

这是一个系统的工程，要渗透在教育教学各个方面，将学生时时刻刻浸润在成长型思维的环境中，这才会使学生更为有效地发生质的变化。

文本阅读的重要性

文本阅读对培养学生成长型思维有非常大的作用，有关这方面的作用，凯莉·麦格尼格尔曾经在《自控力——与压力做朋友》中有记载。因此培养学生成长型思维语文老师责无旁贷。

现以教材中的课文《大卫·科波菲尔》为例，谈一谈如何在此文本中培养学生成长型思维。

大卫原本是一个生活条件相当富裕的家庭中的少爷，但是道德败坏的摩得斯通导致大卫从高坛上一下子跌落到最底层。

十岁的孩子沦为童工，糟糕的工作环境，糟糕的人群，糟糕的活儿，这让初来乍到的大卫绝望至极，万念俱灰。

"我过去所学的、所想的、所喜爱的，以及激发我想象力和上进心的一切，都将一天天地渐渐离我而去，永远不再回来！"大卫独自一人泪水止不住地流淌。

高中新生与大卫相比，无非就是那顶原本就不是太重要的第一的"皇冠"旁落他人。其实一个人有没有未来不是由当下的分数决定的，而是由你是否具备那些非智力因素的优秀品质来决定的。幸运的是做童工的大卫第一天就遇到了房东米考伯。米考伯一举一动皆文雅，一言一行均热情。

小说多次描写米考伯一出场时的文雅，三次描写"露出亲密的样子"。"到了晚上约定的时间，米考伯先生又来了。我洗了手和脸，以便向他的文雅表示更多的敬意。"显然一个十岁的孩子与米考伯先生初见就受到了一种无形的影响。

无论是内还是外都修饰得尽量体面的米考伯生活陷入窘境，大卫第一天进入这个家庭就感知到了"同是天涯沦落人"的滋味，与即将走向绝望的米考伯一家生命处在同一频率上。

小说中多次描写米考伯在绝境中不绝望的"壮举"。负债累累导致他伤心、羞愧、想自杀，但是过了不到半小时，他就擦亮皮鞋，哼着小曲，不失高贵地挺起腰板走出家门；即使即将身陷囹圄，他还在兴高采烈地玩九柱戏；就是进了监狱大哭过后，他喝上一杯啤酒，然后就高兴起来。

米考伯的太太与自己的丈夫也是那么相似。因为他们都相信："有朝一日，时来运转，给房子装上凸肚窗。"他们即使眼里含着悲伤的泪水，也要笑出声来。

大卫的成长其实就是在深陷绝境的米考伯身上明白一个道理："他说风雨中这点痛算什么？擦干泪不要怕，至少我们还有梦！"拥有成长型思维模式的人面对困难"不怨天尤人"，在障碍与挫折面前通常展现出百折不挠的精神。让大卫从绝境中走出的还有另外一个原因，就是米考伯一家给了大卫一种价值感。

目前为什么很多学生走向自杀之路？因为这些学生已经成了"三无"之人——无力、无望、无价值。面对窘境，他们没有力量去改变；面对未来，他们觉得没有希望；面对人生，他们感觉自己没价值。所以他们就选择了自杀。

米考伯一家为了生存需要"不拿大卫当成外人"，因此非常信任他去帮忙典当家产；米考伯入狱需要他去探望；米考伯一家人进了监狱需要他去陪伴。正是因为有了价值感，极度绝望的大卫"年纪虽小，但已经很懂事了"。

虽然大卫在那段时间依然做着童工，依然落魄，依然感受到屈辱，衣衫更加褴褛，过着同样苦恼自知的生活，但是他没有自甘堕落，没有混迹江湖，而是始终保持独立生活，洁身自好。

大卫成长的根本原因还有另外一个重要因素——善良。十岁的大卫从人生的"天堂"坠落到"地狱"，这是多么痛心的事啊。

十岁的孩子遭遇悲惨的命运本来就自顾不暇，哪还有心思去关注别人的生活境况，但是大卫却做出了超越他年龄的举动，对米考伯一家伸出援助之手。他每天倾听米考伯太太倾诉，主动拿出现有的钱接济他们，去监狱探视，等等。

这不禁让人想起古人的两句话。孔子说："君子无终食之间违仁，造次必于是，颠沛必于是。"孟子说："穷则独善其身，达则兼善天下。"

十岁的孩子在心里产生巨大落差的时候，在深陷绝境的时候，在别人需要的时候，还把手伸向更需要的人，这是何等高贵啊！写至此，我对大卫充满敬意。

这是狄更斯的自传体小说，小说中大卫的原型就是他自己。狄更斯之所以屹立在世界文学之巅，是因为他所拥有的成长型思维模式与高尚的品德。

高中生活真的很累很苦，高考升学竞争的压力也很大。正是因为这样，我们才要良性成长。但是特别应该引起关注的是：良性成长的要素——善良。

大卫从宠儿到弃儿，最终成为有责任心的真男儿，这个蜕变是因为他有一颗善良的心滋润了他。领着学生细细品味大卫的成长，启示他们拿大卫与自己的人生对照一下。善良还是一份责任：成长不仅是你自己的事情，也是社会、家庭以及你个人的需要。

最佳心理干预案例:《百合花开》

> 在一个偏僻遥远的山谷里有一个高达数千尺的断崖。不知道什么时候,断崖边上长出了一株小小的百合。
>
> ——《百合花开》

在解读《百合花开》之前,先给大家介绍一个心理干预案例。在旧金山海湾地区的一所高中,学生们来自最低收入水平的家庭,考试成绩也是全州最末。差不多四分之三的学生享受学校免费午餐,许多人都是社会帮派成员,40%的学生说在学校没有安全感。得克萨斯州立大学心理学家戴维·耶格尔对这里的学生实施了心理干预。

新学年开始,他首先给学生这样的心理干预:让高年级学生以第一人称写文章,描述自己改变的体验。文章具体内容是让高年级学生写自己刚来学校时,从陌生到熟悉以及从不适应到适应的变化过程,意在告诉师弟师妹这是每一个新生都要经历的心理历程,因此在这个阶段,不必纠结,不必迷茫。有了这个参照,很多新生可以迅速适应学校新的环境。然后他让学生们读一篇短文,再次进行心理干预。这篇短文介绍了几个主要观点:你现在是谁,不代表以后就永远这样;人们如何对待你、看待你,不代表你就是那样,也不能决定你未来的样子;随着时间的变化,人会发生有意义的改变。最后,学生们要写一个故事,关于人们——包括他们自己——是如何随时间改变的。尽管有人怀疑,这项措施却产生了深远而持久的影响。

学年结束后，接受过干预的学生更加乐观，更不容易被生活中的难题打垮。他们更少有健康问题，相比那些随机被编入控制组的孩子，更不容易沮丧抑郁。81%接受干预的学生通过了九年级代数考试，控制组却只有58%的通过率。思维模式转化最大的学生，干预措施对学习成绩的影响最强烈，成绩上升的幅度令人惊讶。

以上案例改写自凯利·麦格尼格尔《自控力》一书。但是书中没有交代戴维·耶格尔具体给学生的文章是哪一篇。而细读林清玄先生的《百合花开》发现，这篇文章提供的案例正适合解读。

"在一个偏僻遥远的山谷里有一个高达数千尺的断崖。不知道什么时候，断崖边上长出了一株小小的百合。"偏僻遥远的山谷，千尺的断崖，这样的恶劣环境，这小小的百合，命中注定就是应该没有希望的吧？现在你是谁？"长得和杂草一模一样"——一个卑微的小小的我。

一、你现在是谁，不代表以后就永远这样。

"我是一株百合，不是一株野草。唯一能证明我是百合的方法，就是开出美丽的花朵。"正是因为有这样的信念，这株小小的百合"努力地吸收水分和阳光，深深扎根，直直地挺着胸膛，终于在一个春天的早晨，百合的顶部结出了第一个花苞"。

二、人们如何对待你看待你，不代表你就是那样，也不能决定你未来的样子。

附近的杂草在私底下嘲笑百合："这家伙明明是一株草，偏偏说自己是一株花，还真以为自己是一株花。我看它顶上结的不是花苞，而是头脑长瘤了。"

公开的场合它们则讥讽百合："你不要做梦了，即使你真的会开花，在这荒郊野外，你的价值还不是跟我们一样。"

蜂蝶鸟雀劝说百合："在这断崖边上，纵然开出世界上最美的花，也不会有人来欣赏呀！"

连续四句"我要开花"，说明百合坚信自己的未来："我要开花，是因为我知道自己有美丽的花；我要开花，是为了完成作为一株花的庄严使命；我要开花，是由于自己喜欢以花来证明自己的存在。不管有没有人来欣赏，不管你们怎么看我，我都要开花！"

三、随着时间的变化，人会发生有意义的改变。

花终于开了，但这不是目的。"年年春天，百合努力地开花、结籽。它的种子随着风，落在山谷、草原和悬崖边上，到处都开满洁白的百合。"终于，一个"百合谷地"诞生了。

戴维·耶格尔给学生提供的文章就是让学生在文章中找出自己，从而实现心理干预目标，实现了目标就会有前文所述的意想不到的效果。

一篇好的文章就是对学生一个最佳的心理干预案例。我在此将《百合花开》于新学期开学之际送给每一位学生。

临近大考，该给学生怎样的心理干预

　　临近中高考了，有的家庭给人感觉仿佛即将陷入地狱之门，特别是一些优秀学生的家庭在默默地祈祷：这个日子快一点来到吧，再担忧下去整个家庭即将崩溃。学生成绩一般的家庭，这种情况基本不存在。此时此刻才真正体会到：越优秀，越脆弱。

　　为什么会出现这种情况？因为长期的应试教育使人们过度关注分数，孩子已经形成固定型思维模式。这些孩子关注的不是未来，而是当下的考试名次，学习的目标就是典型的表现目标。这些优秀的学生在模拟考试中一旦出现失误，或者在复习中即使一张有难度的试卷出现，就会焦虑万分，如果调节不好，就会万念俱灰。他们由一次考试的失败行为，将自己的身份转换成失败者。关键时刻自信消失，这必然导致成绩一落千丈。教育负循环的结果就这样出现了：自己失落，家长失望，老师失意。

　　有的孩子在这个时刻状态表现为失眠，食欲不振，无精打采。临近大考，本应斗志昂扬的关键时刻，他们却萎靡不振。也有这种情况出现，即由一个优秀孩子的焦虑，引发整个家庭的焦虑，甚至也引发老师的焦虑。如果不科学地处理此事，焦虑不仅会加剧，还有可能出现更为严重的问题。有的孩子停止学习，出现"隐性辍学"的状况。他们坐在教室里，心想的是学习，却已经学不进去。有的干脆不想学习了，还有严重得不能来学校学习——闭门不出，开始逃避，不敢面对现实，更为严重的后果将不堪想象。

　　此时此刻，父母和老师该如何安抚孩子？卡罗尔·德韦克在《终身成长》一书中介绍了这样一个典型案例，供大家参考——

"克里斯蒂娜是一名非常聪明的高中生，但令她羞愧的是，她考试的时候总是表现不好。她学习很刻苦，对学习资料也掌握得很熟，但是每次一考试，她就会非常紧张，脑中一片空白。

她的成绩很糟糕，这让老师们很失望，也让父母感到很沮丧。当她心仪已久的大学最看重的一次考试——大学委员会考试来临之际，她的情况就更糟糕了。

"在每门考试的前一晚，看到她如此心烦意乱，父母总想帮助她树立信心。'你知道你自己有多聪明，我们也知道你有多聪明，你肯定能成功，快别焦虑了。'

"他们用他们知道的方式去鼓励克里斯蒂娜，但他们的做法却让问题更加恶化了。那么他们应该怎样说呢？

"'当你认为所有人都在评判你，而你自己却无法展现自己真实的水平时，感觉一定很糟。我们希望你知道，我们并不会评判你。我们关注的是你的学习，我们知道你已经掌握了应该学习的内容。你能坚持不懈地学习，我们为你感到骄傲。'"

这个时候应该淡化名次，尤其是在本校、本班的名次。即使考得糟糕，也可以看看周围那些成功人士——最终美好的结果总是属于拥有成长型思维模式的人，他们的表现就是坚持不懈。

特别欣赏这句话：所有的结果都是美好的，不好，说明还没有到最后。在这个时期用成长型思维处理好失败的信息：出现的错误都应该视为珍宝。因为这个时期应该是大量综合题训练期，恰恰是检验一个学生的综合能力的关键时刻，你应该通过这些检验查漏补缺，亡羊补牢，找到自己的薄弱地方有针对性地在老师指导下进行刻意练习。比如计算能力薄弱，你每天抽出一定的时间进行短时、集中、大量专项训练，直到自己感到满意为止。这样安排，最终你一定会考出理想的成绩。

还有，这个时期一定要重视每一次模拟考试，模拟考试即中高考日。

这种心理训练在模拟考试时非常必要，但往往有些学生忽略这项训练，认为模拟就是单纯模拟而已。一定要在模拟考试中训练心态，否则当大考来临时就会有猝不及防、压力山大的感觉，这必将会影响水平的真正发挥。

切记：在考试中把会做的做对了，你就是一个胜利者；如果超水平发挥，你就完胜了。

开学前，新生的思维模式干预

斯坦福大学心理学家格雷格·沃顿在一所常春藤学校里，给一群大一新生传递了一条简单信息：如果你没有归属感，这很正常。很多人到新环境里，都会这样，慢慢就会改变。

没有归属感会改变你对所有体验的理解。对话、挫折、误解等，一切都被看作你不属于那里的证据。自己不属于那里的信念，会引发很多不良想法，从谎言综合征（我是个骗子，谁都看得出来），到假想威胁症（每个人都盼着我失败），再到自我设限（为什么还要徒劳尝试）。这些念头会导致自毁行为，比如逃避挑战、隐藏问题、无视反馈，以及无法建立支持性的关系。这些行为，相应地提高了失败和被孤立的风险。而这，恰恰成为我根本不属于这里的证据。沃顿想通过改变常春藤大一学生没有归属感的想法，切断这个自我实现的负面预言。

在思维模式干预的开始，沃顿让新生们阅读一份调查摘要，低年级和高年级学生在调查里谈论他们在学校的感受。所有摘要都是刻意挑选的，传递的都是每个人面临社会归属感的挑战，但会随着时间改变这类信息。比如，一个高年级学生写道：

"最初来这儿的时候，我担心自己和别的学生不一样，不确定能融入其中。一年之后，我意识到，很多人来这儿的时候，也都不确定能否适应。现在看来这有点儿讽刺，每个人最初都觉得和别人不同，最后则会意识到，至少在某些方面，大家是一样的。"

读过调查摘要后，工作人员请新生们写篇短文，反思一下自己在学校的经历，与刚刚高年级和低年级同学描述的有何相似之处。写过之后，工作人员解释说学校正在拍摄一个宣传片，在明年新生报到时播放，目的是帮助刚到的学生适应大学生活。工作人员问大家是否愿意在摄像机前面读自己写的短文，这样他们就会被拍摄到宣传片里。"你们可能知道，来到新环境，不知道会发生什么，是很困难的。而你们，刚刚有过相同体验的老学生，正好可以帮助新生们走出困境。"实验人员解释说，"你们愿意这样做吗？"

这就是整个干预过程。学生们阅读一个调查，写一篇短文，给下届新生传递一条关于社交归属感的信息。

这是第一次做这类干预措施，沃顿跟踪了它对非洲裔学生的影响。在常春藤学校里，这个群体通常在归属感方面最为挣扎。结果令人吃惊。相对那些没有被随机选来参加研究的孩子，一次干预，在接下来的三年里，提升了学生的学业表现、身体健康和幸福感。到毕业时，他们的平均学习成绩远远高于那些没有参与项目的非洲裔美国学生。实际上，他们的成绩好到完全无视了学校里少数族裔与多数族裔学生间的成绩差异。

当沃顿研究可能解释这些结果的原因时，他发现干预措施改变了两点。第一，它影响了学生面对学业型社交问题时的反应方式。他们更倾向视问题为短期的，而且是大学经历的一部分。第二，干预影响了学生的社交圈。接受思维干预的学生，更愿意寻找导师，更容易建立亲近的友谊。沃顿说："过程以心理学的方式开始，但是接着变成了社会学。"

家庭如何为孩子开展这项思维模式干预呢？

这项思维模式干预适合所有到新环境的人们，特别适合即将在九月入学的新初中生、新高中生、新大学生。虽然这项思维模式干预对一个人成长很重要，但是并不见得会引起学校的重视。因此每个家庭自己可以开展这项思维模式干预。

干预的方法是从街坊邻居或者亲戚朋友中找那些已经是"老学生"的人，"老学生"不见得是学习成绩优秀的，但一定是阳光、向上、积极乐观的。让他与你家孩子聊一聊——他当年在新环境中所走过的历程，其中包括归属感这个话题。值得注意的是最好选择同类、同级别学校的"老学生"。比如您的孩子九月即将成为一本的大学生，或者是区一中高中的学生，或者成为寄宿初中生。那您就选择一本的、区一中的或者初中寄宿的。同类还包括农村与城市，寄宿与非寄宿，男孩与女孩等等。

这项思维模式干预的好处，对孩子来说不仅仅在未来学业中会受益，更重要的是这将成为他在以后生活中应对新环境的思维模式。一旦这种思维模式在他身上生根，必将引发持久的积极变化。

特别希望每一所学校，在学生入学之初也做一做同样的思维模式干预。在有的学校中，沃顿的心理干预降低了一半的失学率，作用之大令沃顿这些实验者称奇。

家庭第一代新生的思维模式干预

"龙生龙，凤生凤，老鼠生儿会打洞。"此话曾遭到批判，但是细细品味有一定的道理。比如说上过大学的父亲一定会告诉孩子自己上大学时的得与失，别小看这项举措，这对孩子应对大学生活有着深远的意义。没有进过大学之门的父亲，当然就无法言传身教，这就要全凭孩子自己上大学时摸索前行。其实这句俗语也有破解的方法，那么如何让这句俗语失效？

美国著名心理学家凯利·麦格尼格尔为此给家庭第一代大学生进行了思维模式干预，这个干预也会对家里第一代高中生有借鉴意义。

凯利·麦格尼格尔将 13 名家族中没有上过大学的学生聚集在一起。他们就要出发前往美国各大高校，开始第一年大学生活。虽然这些学生收到了很多实用的建议，比如说怎样理财，如何与教授互动等等，但是麦格尼格尔切入的话题却是成长型思维。

她首先为他们讲述了自己一个学生的故事。路易斯这个学生第一次考试就挂科了，但是路易斯恰恰利用这个机会与老师有了零距离接触的机会。虽然他一直很努力，但是不明白为什么挂科。他拿着笔记本与课表来到老师办公室。老师与他讨论怎样听课更有效，怎样更好地记笔记，怎样从书本中学习。每周一次来办公室与老师讨论，后来不仅仅是学业上的探讨，还有人生历程上的交流。最终，路易斯以很好的成绩结业，并成为老师的朋友。

这个案例是在告诉这些学生不要把"失败看作终止的信号"，这恰恰是机会。在每个人成长的过程中"挫折是不可避免的东西，遇到困难意味着这是利用资源的机会来临"。

接下来凯利·麦格尼格尔讲述了自己在上学时曾经失败的经历。险些退学的她收获了很多同情与帮助，使她重新振作。之后她进入让这些学生讲自己故事的练习，让他们回顾自己曾经遭遇挫折挑战最终坚持下来的一段经历。她让学生们花几分钟写下：自己的失败经历，发生了什么，为什么对自己很重要；是什么信念、态度或者力量使自己坚持了下来（麦格尼格尔之所以能坚持下来，是因为她凭借诚实与勇气）；利用了哪些来自他人的资源与支持。然后，她让学生分享自己的故事。

就这样，小小的思维模式干预以后，凯利·麦格尼格尔干预了这些学生在大学生活中面对挑战增强的抗挫性，收获了出人意料的效果。

如果您的家庭今年出现第一代大学生，或者第一代高中生，读一读这个案例，或者寻找凯利·麦格尼格尔这样的人对学生进行一下思维模式干预，一定会使他面对挫折的复原力增强。

认清这个"坏老头"

　　学生放弃了学习，老师感觉工作索然无味，人活得越来越没精气神，爱情越来越平淡无奇，这肯定是那个"坏老头"在作祟。

　　有这样一则故事。一群孩子在一位老人家门前嬉闹，叫声连天。几天过去后，老人难以忍受。于是，他出来给了每个孩子25美分，说："你们让这儿变得很热闹，我觉得自己年轻了不少，这点钱表示谢意。"

　　孩子们很高兴，第二天仍然来了，一如既往地嬉闹。老人再出来，给了每个孩子15美分。他解释说，自己没有收入，只能少给一点。15美分还可以吧，孩子仍然高兴地走了。

　　第三天，老人只给了每个孩子5美分。孩子们勃然大怒："一天才5美分，知不知道我们多辛苦？"他们向老人发誓，他们再也不会为他玩了。

　　这群熊孩子上了老人的当。本来无忧无虑快乐的生活让老人的45美分给搅乱了，失去了快乐不说，还收获了满腔的愤怒。

　　纵观这个世界，这样的"老头"隐身在各个角落，并且常常用同样的手段来对付那些"熊孩子"，让本来快乐的工作变得枯燥乏味。

教师这个行业

　　与学生一起应该是多么快乐的事情，因为很多人都有乐为人师的天

性。在教师行业中，这种天性应该能得到充分的满足。再者，老师在教学
生涯中也可能会遇见出类拔萃的学生，"得天下英才而育之"又是君子三
乐之一。如今教师的收入与地位在当今社会有了提高，但是为什么很多教
师却没有职业的幸福与快乐？

一个不争的事实是：有很多职称高的老师，却不是学校教学的主力。
究其原因有两个，有的老了，有的未老先衰。

后一现象尤为突出，这些未老先衰的教师还有一个突出特点——他们
不幸福。

究其原因就是职称这个"老头"让他们失去了原有的动力。三级、二
级、一级、高级和正高级，虽不是前面故事里的递减，但是对工作的动力
刺激在不断减弱。职业的快乐消失在职称评定中，职称评定到了顶端，有
些教师如释重负后动力全失，一片迷茫。即使到了正高级职称又能怎样？
工资卡上多的那些钱，想一想能买多少平方米房子？ 0.1 平方米？还是 0.2
平方米？打拼了这么多年，被职称这"老头"害苦了，于是这些教师就愤
怒了，失去了初心，间接造就了很多"熊孩子"。

对付"坏老头"——不忘初心

韩兴娥——课内海量阅读创造人，面对当年各项所谓的荣誉申请，她
说没时间填写申报表。后来教育局组织人为她填写申报表才得以评上。韩
兴娥老师在教育界的名气不是因为正高职称得来的，使她英姿飒爽行走在
教育界的是课内海量阅读的教学法。

在职称评定中，恩师陶继新先生多次把名额让给同事，让恩师得以成
名的更不是什么高级职称，而是对教育之道的探求。接近古稀之年的老人
家，还在乐此不疲地背诵中华经典，从古代教育中寻找良策。

回想当年自己也被这个"坏老头"欺骗过，后来受恩师的影响，把"坏
老头"拒之门外。我曾说："如果教育厅不指定我评职称，我坚决不评。"

很可惜，我没有韩兴娥老师的才华，因此不会有韩兴娥老师的幸运。但我在教育生活中依然快乐，因为"坏老头"对我不起作用。

我忽然想起老师给学生的奖励——小红花，以及学校发给老师的奖金。凡此种种，无论是精神的，还是物质的，做一件事情实惠越来越少或是刺激越来越小等，给人们做事的动力也会越来越弱，快乐越来越少。

学生放弃了学习，老师感觉工作索然无味，人活得越来越没精气神，可能就是那个"坏老头"在作祟，也就是固定型思维在作祟。拥有固定型思维模式的人注重外在的激励机制，在乎所谓的"面子"，当这些逝去或者达不到自己要求的时候，人就会失去动力。

对付那个"坏老头"就用一招——不忘初心，否则我们自己也会成为"熊孩子"那样的人。

用座右铭进行心理干预

　　有时候，身处压力环境中，我们需要转换思维方式。研究表明，在处于压力时刻，反思价值观能帮人们更好地应对压力。举以下案例来说明——

　　在安大略省滑铁卢大学做的一项研究中，参与者每人拿到一个手环，上面写着"牢记你的价值观"。斯坦福大学做了这个研究的另一个版本，给每个参与者一个钥匙链，他们可以将个人价值观写在纸上，塞进钥匙链里。感受到压力时，他们可以看看手环或钥匙链，在那个时刻，思考一下自己最重要的价值观。这项指导可以帮助人们应对逆境，甚至比一次性的书写练习还好。

　　孔子的弟子早在那个年代就已经开始应用这个技巧了。子张问行，子曰："言忠信，行笃敬，虽蛮貊之邦行矣；言不忠信，行不笃敬，虽州里行乎哉？立则见其参于前也，在舆则见其倚于衡也，夫然后行。"子张书诸绅。

　　我简单翻译一下。子张问如何才能使自己到处都能行得通。孔子说："说话要忠诚守信，行事要笃实恭敬，即使到了边远少数民族地区也可以行得通。说话不忠诚守信，行事不笃实恭敬，即使在本乡本土能行得通吗？站着，就仿佛看到忠信笃敬这几个字显现在面前；坐车，就好像看到这几个字刻在车辕前的横木上，这样才能使自己到处行得通。"子张把这些话写在腰间的大带上。

　　与此类似的还有勾践——大禹后裔、越王允常之子、春秋末期越国的君主，因"卧薪尝胆"而名垂千古。

　　以上中外事例也说明座右铭是进行自我心理干预的最好方式，希望老师们教会学生有效使用座右铭，而不流于形式。

他行，我也行

"他行，我也行"，这句话是送给那些面对优秀者产生固定思维模式的人——"我不可能像他一样聪明"。"他行，我也行"好像是心灵鸡汤，是与不是我们先不要下结论，有一个我经历的真实案例，现在分享给大家。

我在河北丰润车轴山中学当校长，这里聚集着本区来自各初中学校最优秀的学生。招生名额计划为1000个学生，还有自费生300个，合计这一年级学生1300人。自费生都是当时没有进入分数段的学生，其中有一个入学在全校排名1200多名的男生。从第一学期期中考试开始，他在班上就紧盯某一学科分数最高的学生。他想尽办法接近这个学生，虚心讨教。当这种习惯坚持两年后，他在个别学科上的成绩已超越班里大多数同学。后来高考成绩下来，他位居全校140多名，考取了一所重点大学。

类似这个后来居上的学生，我在教育生涯中遇到很多。这些学生有一个共同的特点：自信。

"他行，我也行"最经典的案例莫过于罗杰·班尼斯特的一英里（英制长度单位，1英里=1.609344公里）跑进4分钟的挑战。瑞典人在1945年创造的4分1秒4的一英里纪录被认为是人类生理挑战的极限。众多运动学家与生理医学家信誓旦旦地宣称：人类不可能在四分钟内跑完一英里，如果真的能够跑到那个速度，选手们将会在赛场上暴毙。

可是1954年班尼斯特以3分59秒4打破了纪录；仅仅在46天之后，班尼斯特的劲敌约翰·兰迪就以3分57秒9的成绩再次刷新了一英里的新纪录；当年先后共有37名运动员将一英里跑进了四分钟大关，而到了

1955 年，这一数字再次扩大到了 300 多人，班尼斯特的极限突破，也突破了很多运动员为自己设置的"不可能"心理障碍。这个事例是"他行，我也行"最好的证明。

"布鲁姆总结：经过 40 年对美国以及国外的校园学习的透彻研究，我的主要结论是，如果说一个人能学会什么东西，那么世界上其他人也都可以学会，只要在此前和当下给他们提供适当的学习条件。他没有将 2%~3% 有严重缺陷的孩子计算在内，也没有将 1%~2% 像迈克尔那样的神童算进去。他指的是除此之外的所有人。"

"我不可能像他一样聪明！"这是固定型思维模式的表现，应该将这种思维模式调节为成长型思维模式，表现为："他是怎么做的，我也要试试看！"

试一试什么？首先看你身边的人成功的背后是什么，然后再行动。据我观察，很多学习优秀的孩子，他们共同的特点是：学习时聚精会神，零碎的时间利用率高。

最后，将冰心的小诗送给你——

　　　成功的花儿，
　　　人们只惊美她现时的明艳，
　　　然而当初她的芽儿，
　　　浸透了奋斗的泪泉，
　　　洒遍了牺牲的血雨。

写给曾经名列前茅的孩子们

　　前几天突然接到我学生的电话。她在电话里带着哭腔向我求助："老师，怎么办啊？我女儿不想上学了。"

　　电话里得知她的女儿今年上高中，被河北一所著名的中学"掐尖"过去。暑期里，这所中学提前开学，待学生们学习一个月后，组织了一次考试。学生的女儿这次考试不理想，在全班成绩排名中处于第三十名。面对这个结果，学生的女儿崩溃了，因为她自上学开始，不只在班级，在全校排名中都名列前茅。这次的考试结果——班级第三十名，让她难以接受，进而产生放弃读书的念头。一向以女儿优异成绩为骄傲的父母，一时间不知所措，怀着急切的心情打电话向我求助。

　　以这件事来分析，这孩子拥有的是典型的固定型思维模式。面对不理想的成绩，自己难以接受，她选择的不是突破困难，迎难而上，而是选择放弃——不上学了。这种选择具有固定型思维模式中"风险抗拒型"的特征。

　　卡罗尔·德韦克通过多年观察发现，思维模式的不同也导致学习方法的不同。她观察到："具有成长型思维模式的学生完全掌控着自己的学习过程和动力。他们不是一头钻进书里，不动脑子地死记硬背，而是会找每个知识点的链接与潜在的规律，不断重新审视自己的错误，直到明白错在哪里。"

　　思维模式的不同，导致学习方法不同；学习方法不同，导致成绩产生差异。这也是合情合理的。到了高中，学生还如同初中一样单凭努力而不注重方法，这显然是不够的。

导致差异的还有一个重要的原因，即拥有固定型思维模式的学生将注意力的焦点不是放在学习本身上，而是放在考试上，其学习目标不是获得知识，而是追求分数。拥有成长型思维模式的学生则表现为自己与自己比，他可能会以别人的成绩为参照物，但是他的意焦、精力会放在如何改正、调整自己上。

在电话中，我给当年的学生分析孩子的思维模式，并告诉她有时间与孩子一起听一听樊登讲的卡罗尔·德韦克的书《终身成长》。同时，我还告诉她从亲戚朋友中寻找，曾经上过竞争激烈的高中现在已经上了大学的人，让他与自家孩子聊一聊高中的学习生活。因为孩子人生第一次单独身处异地，肯定也会有很多不适应。这也很可能是孩子成绩不理想的一个原因。

电话中我还为她讲自己曾经历的一件事。做初中校长的时候，有一个学生被市第一中学选拔为"火箭班"学生。这次选拔面向全市招生仅 100 人，这在近 800 万人口的城市来说，被选上的学生应该个个出类拔萃。这名学生在第一个月放假回家时，路过学校来看我。当我询问他学习情况的时候，孩子竟然忍不住放声大哭起来。因为经过一个月的学习后，他们进行了考试，我这名学生排到了 80 多名。在小学、初中两个阶段，孩子向来"勇冠三军"，几乎没有考过第二名，可这下名次竟然排到了"火箭"班的尾巴上。这个结果孩子难以接受。

"孩子，我们区有三类高中，市一中显然是我们区的'王牌军'，是学校的"王中王"，面向全市招 100 名学生，这 100 名学生是'王中王'里的王啊！"孩子听了若有所思，而后破涕为笑。

在我做河北丰润车轴山中学校长的时候，也遇到同样的问题：一个小姑娘曾经在她所在的镇上一直是第一名，到了我们这所学校后，不仅仅是在全校，就是在班上也不能名列前茅了，因此她情绪低落。我也用同样方法解开了孩子的心结。在这所高中你是第一，全市比你是否第一？全省比你是否第一？上大学到了清华、北大你是否第一？第一的意义是什么？

　　不能名列前茅就选择逃避，"风险抗拒型"的孩子，静下心来仔细思考一下人生。我将一段话送给你："当才华还撑不起你的野心时，你就应该静下心来学习；当能力还驾驭不了你的目标时，你就应该沉下心来历练。梦想，不是浮躁，而是沉淀和积累，只有拼出来的美丽，没有等出来的辉煌。机会永远留给最渴望的那个人，学会与内心深处的你对话，问问自己，想要怎样的人生。"请你反反复复读上几遍。

　　那些曾经名列前茅的孩子，如果想把精彩继续，请牢记：将精力放在自己的成长上，而非成绩上，因为成绩是成长的副产品。自己和自己比，这次和上次比，今天和昨天比。牢记并做到这"三比"，你也能有一个精彩的人生。

关注学生自我谈话：促进成长型思维模式形成

"我能考好吗？""我总是很差劲！""我总是会输的！""我对自己的智力真的很怀疑。""我是女孩，理科当然学不好！"

如果一个人总是这样进行自我谈话，其结局大家就能预测出来。就如将失败的病毒程序植入电脑一样，导致失败是必然的。因此关注学生自我谈话对促进其成长是非常必要的。

"研究发现，一个人自我谈话的方式会影响其心态、动机、适应力、创造力、专注力和情绪控制。"（见《学习的科学》）自我谈话如果按照思维模式分类，一个是固定型思维模式，一个是成长型思维模式。下列几种情况出现时，实质上就是固定型思维模式与成长型思维模式的一场博弈。

当然，当出现前面固定型思维模式的时候，一定要指导学生让后面成长型思维模式语言占据上风，其结果就是"以乐观、充满活力的方式自我谈话有助于人屏蔽潜在的杂念，这有助于提高需要大量努力和心理弹性的表现"（见《学习的科学》）。

面对不懂："我就是搞不懂了。""忽略了什么？"

想放弃的时候："我实在不行了。""还有什么方法没有尝试？"

犯了错误："我就这样了。""学会了什么？"

面对失败："我就是没有能力做到。""没有失败，只有反馈。"

面对困难："太难了，我搞不定。""还要多付出时间与精力搞定。"

取得一定成绩时："我已经做得很好了。""专精没有天花板。"

看到伙伴成功："我不可能像他一样。""怎样才能像他一样？"

面对自己不擅长的:"我天生就学不好这个东西。""通过刻意练习一定能提高。"

怀疑自己不聪明:"我不聪明。""大脑如同肌肉,也会成长。"

以上几种场景是固定型思维模式与成长型思维模式自我谈话的对照。从心理暗示的角度分析,其结果是显而易见的。

但是现实生活中有很多学生被固定型思维模式禁锢,因此一定要让学生尝试、运用成长型思维模式的自我谈话。

还有很重要的一点:用成长型思维模式自我谈话实践一段时间后,要让学生关注自我变化,体验这种自我谈话的积极感受。

教育科学研究结果表明:在系列场景中用第一人称自我谈话的人和用非第一人称自我谈话的人相比会有很大的不同。"当回忆一件使其焦虑的事情时,情绪会更加强烈;当回忆一件使其生气的事情时,情绪会更加强烈;表现得更紧张,在社交活动中表现得更差;不太可能给人留下好的第一印象;在公开演讲过程中感受到更多的害羞、尴尬和消极情绪;在公开演讲任务中表现更差;更有可能将即将到来的压力事件视为威胁;更有可能担心即将到来的压力事件。"(见《学习的科学》)结果孰优孰劣显而易见,因此在自我谈话的时候,尽量不用"我"这个人称。

有研究还指出,在自我谈话中,使用第二人称"你"要比使用第一人称"我"更有效。因为第二人称更具有权威性,人们的大脑更愿意听从这样的声音。因此在上个学期我校给学生布置"写给未来的自己一封信"的时候,要求学生使用第二人称来写,学生发生的改变很明显。实质上这样就相当于从自身跳出来,以第三者的身份看自己。道理很简单——旁观者清。因此前文那几种成长型思维模式的自我谈话,不妨让学生用第二人称"你"来试一试。

自我谈话,这是生活中必然存在的,对学生在此方面的教育不容忽略,一定要给予学生必要的指导。从前文中的科学研究结果看,已经证实这是非常有意义的。

考前生病的学生请深度阅读这本书

每每在考试前总会有学生以请病假的方式来逃避考试。首先要澄清一个事实，他们有的不是装病，而是真的病了。

只要一提到考试，他们就会焦虑，想要逃避考试，希望自己有病，有的甚至没病也要把自己弄成有病，凉水洗头、天冷不加衣或者不好好吃饭胃疼，等等。最后有的学生竟然到了"心想事成"的地步。

心理上的反应直接作用于生理上，只要考试就发烧、就胃疼、就头疼……不是装的，是真病了。这样的学生特别需要进行心理上的干预和矫正，一条有效的途径是对他们实施思维模式培养。

"固定型思维模式会限制人的成就。它让人们的头脑中充满了干扰信息，让人们不屑于努力，毁掉学习策略，也会让其他人变成审判者而非我们的同伴。""无论我们是谈论达尔文还是普通的大学生，想达成重要成就都需要明确的关注点、全身心的努力、无穷无尽的策略，还有学习中的同伴。这就是成长型思维模式能够给予人们的，也是成长型思维模式可以帮助人们发展能力并结出丰硕果实的原因。"（见《终身成长》）

这些学生为什么要逃避考试？一个重要的原因就是担心自己考不好。考不好，在众人面前没面子，或者在父母老师心目中就不是一个好学生了。这是典型的固定型思维模式表现。这些学生大脑中负面信息干扰太多，认为努力了，如果再考不好，这显然就是智商低。

这些学生面对困难，不是找方法突破，而是找方法逃避，乃至找借口按下学习的停止键，因此所有的学习策略对他都不会起作用。

　　至于同伴，不是将同伴视为对手，就是把同伴看成他的评判者。这样的学生很少有朋友。长期下去自然会导致走向抑郁边缘。

　　《哈佛前1%的秘密》一书中列举了大量成功人士的事迹，认为他们之所以走向成功，是因为具有极高的屏蔽负面信息的能力。

　　这些成功的人士有明确的关注点。虽然佩德罗亚身体自然条件很差，但他完全忽视专家们苛刻的评价，对付给他的酬金多与少也毫不在乎，只专注于球和球棒，专心致志让他成为一代闪耀的球星。这些成功的人士都是在全身心地投入。考量你未来是否能成功，首先不要思考其他因素，而要看看是否做到了全力以赴。

　　基辛格原本是一个学渣，学习成绩"不堪入目"，被好友的父母视为瘟神，让自己的儿子避之唯恐不及。就是这样的一个浪子，后来在哈佛大学创造了至今哈佛学子不能企及的学习纪录。书中这样描述他：在恶臭扑鼻的工作场所，一有空闲就拿出书来；三年来毫不关心自己周围的世界和人，一天的生活"始于学习，终于学习"。"除了学习，他屏蔽一切"。经过这样三年屏蔽的生活，他敲开了哈佛的门。到了哈佛，他依然是"两耳不闻窗外事，一心只读圣贤书"。

　　成功的人士不仅仅是一味地努力，他们在困难面前不低头，但也不会撞得头破血流。他们在坚持中不断探索无穷无尽的策略。约翰·麦克亚当出生于1756年，书中这样描述他："既没有学历，也没有学问。"但是他发现2.5厘米石子做路基是最好的选择，虽然现如今路上行驶的早已换上汽车，但是我们仍然沿用麦克亚当的理论来筑路。这是他那个年月通过48000公里深入调查所得出来的结果。就是这样一个近似文盲的人解决了当时世界最高学府都没有解决的问题。《哈佛前1%的秘密》里的故事很多，都是用鲜活的事例证明：具备成长型思维模式，做事就会获得成功。

　　的确，有些人也读了这本书，为什么还没有起到作用？我曾经号召全校学生读这本书，但是考试前还是出现有些学生弃考的现象。很简单，他们没有真正地读进去。如果带着积极的情感，带着自我改变的强烈欲望，带着追求成长的坚定信念，不改变是不可能的。

五　在细节、自主和
失败教育中培养成长型思维

观察不到学生细节的教育是目中无人的教育；不善于捕捉学生细节的教育是缺乏技巧的教育；记忆中不存储学生细节的教育是缺少真爱的教育。总之，没有细节的教育是粗糙的教育、不完美的教育！

目前很多教育工作者对学生自主的意义心知肚明，但是为什么不放开手脚？一是功利化教育在作崇，二是感觉一放开学生就难以管控。能力是需要培养的，反思一下，我们的教育给学生自主能力成长的机会了吗？一天到晚吃什么、穿什么、学什么、玩什么，哪一样他们还能自己做主？

一个孩子怕跌倒不迈步，永远学不会走路；一个孩子怕说错不开口，那就成了哑巴。

成长型思维打造全国名校的"岔河现象"

一所偏僻的乡村中学里，考试无人监场，超市没有监控录像并且无人看管，学生下课楼道里听不到大声喧哗，等等。这是发生在河北省唐山市丰润区岔河镇中学的一幕幕。后来，这一幕幕被教育界同人称为"岔河现象"。

当年的岔河镇中学让教育界同人啧啧称奇，纷纷问我："学生为何呈现出如此生命状态？"那时候的我真不知道这些现象背后的原因，更解释不清其中有什么教育学上的原理。

读卡罗尔·德韦克《终身成长》后，我恍然大悟。原来十几年前我和老师们对学生的教育误打误撞地应用了关于成长型思维模式的理论。

得克萨斯州立大学的大卫·耶格尔和斯坦福大学的杰弗里·科恩都是成长型思维研究者德韦克的合作伙伴，他们的一项研究发表在了《实验心理学杂志：综合版》中。作为这项研究的一部分，一些七年级的学生提交了一份描写其心目中英雄人物的文章。老师像往常一样给这些文章评了分，对其中的语法错误、用词做了点评，并附带了鼓励性话语。

研究人员随机给这些学生的文章附上了二者选其一的便利贴。一种便利贴上附有"明智的反馈"信息，上面写着："我给你这些评价是因为我对你有很高的期望，我知道你能实现它们。"另一种便利贴上附有"管控式注解"信息，并不太鼓舞人心："我给你这些评价作为对你的文章的反馈。"之后，老师又给了学生一次重新提交作品的机会。

结果表明，收到"明智的反馈"信息的学生能够更好地利用修改机会，重新提交文章。收到高期望值反馈信息的非洲裔美国学生，与没有收到改进信息的学生相比，愿意重新提交文章的人数竟然高出了60%。研究人员得出的结论是，对于那些在传统上不受重视的学生来说，只有在老师给出的反馈信息包含老师相信学生有能力达到高标准时，他们才能从老师的反馈中充分受益。没有心理反馈的推动（"我对你有很高的期望，我知道你能实现它们"），仅是对作品本身的反馈，其帮助学生提高学业成绩的效果会差很多。

将努力与高期望结合起来，能够形成促进成长型思维的绝佳条件，只有来自老师一方的鼓励，才能让学生勇于迎接挑战。正确的反馈与表扬，对于强化成长型思维、强化努力与坚持的价值，具有强大的推动力；而错误的表扬与反馈，却会让学生螺旋式地坠入固定型思维的旋涡。

十几年前一所偏僻的乡村中学，我们相信自己的学生考试不用监场，相信自己的学生超市不用看管不会丢失任何物品，相信自己的学生文明程度能达到不在公共场所大声喧哗，等等。这是我们的高期望。这份资料介绍将高期望传递给学生的方式是作文批语"便利贴"。仅仅是那几句简单的"明智反馈"就能起到如此大的作用，令实验者称奇。

那么当年的我们是如何将这种高期望传递给学生的？我们通过校会班会传递，通过与学生个别谈话传递；最有效的方法是我们学校当时特有的细节教育。全体老师在平日里细心关注学生，然后形成文字，尽最大努力不露痕迹地传递给每一位学生。

如下是我的几则教育记录。

淑女也"疯狂"

偶然间拍到这样一幅画面，一边读平板，一边练功。这小姑娘柔韧性真的不错，虽然她低着头，但我一眼就能看出是邵嘉琳。

这小姑娘平常是很文静的小淑女，引起我注意的是她那篇作文。有一次任老师叫住我，让我读一篇作文。作文写得语言流畅、诙谐幽默，构思也十分精巧，前面设置了一个很大的悬念，最后一语点题。没想到平时少言寡语的嘉琳的写作风格竟然会这样。后来想写一篇文章题为"嘉琳佳作"，于是把作文拿到自己办公室读了若干遍，后来因为事情多，到现在一直没有动笔。今天又看到这小淑女的姿势，想起自己当年一边站着骑马蹲裆式，一边读书的情景，不禁哑然失笑。小淑女这姿势也挺美的。

你坚持，我们都幸福

我忍不住告诉你一件事：今天岳老师为大家培训，在培训中有一个互动的环节，我们每个人都要说出这两天最高兴的事是什么。在这个过程中出现感人的一幕，高老师站起来表述自己这几天最高兴的事，说道："这几天，我最高兴的事是杨浩博主动地拿起《平凡的世界》认真读。"说着这话的高老师脸上洋溢着幸福。可惜你不在场，不知道你在场时会怎么想？

孩子，你知道吗？你是否认真学习，这关乎我们做教师的职业幸福。是的，今天听高老师表扬你，说你主动地认真读书，我也很高兴。

孩子，如果这件事你的父母听了，一定也会很高兴。

我们不想用自己的"高兴"绑架你主动拼命学习，只想告诉你，关注你主动学习是为人师的天职。

孩子，你知道现在学生的天职是什么吗？你若是明白，你就坚持，让我们大家每天都沉浸在幸福之中。

你绝对不是一个"坏男孩"

"妈妈，今天体育课跑步的时候，同学×××差一点把我绊倒。""跑步时也难免，同学不是故意的吧。""不，他肯定是故意的。""怎么这么说？""连续几次他跑步把腿伸过来的。"妈妈沉默了片刻，判断儿子不会说假话。她问儿子："告诉老师了吗？""告诉老师也不会相信。""为什么？""他是好学生，而我是……我是……"孩子没有说下去。妈妈心里不由得一惊。不知道什么时候孩子给自己贴上标签了。

也是这孩子，今天有病了，没来上学，让妈妈来学校取书。"妈妈，你早些去学校吧，去晚了，同学正在上课，这样会打扰他们的。"孩子对妈妈千叮咛万嘱咐。

我们是不是有责任帮助孩子，让他自己把愧疚感的标签摘下去？我们能用好孩子与坏孩子区分懵懂的少年吗？一定要有行动，告诉孩子：你绝对不是个"坏男孩"。

相信你越来越会控制情绪

浠成冲着我一笑，在我身边匆匆走过，我一下子叫住他，他来到我的身边笑着问我："有事，校长？""没事，就想问问你，你觉得你最近表现怎么样？""还可以吧，感觉还是有点闹腾。"浠成不好意思地剖析自己。"你小子必须注意！虽然老师们都很喜欢你，但是肯定不喜欢你闹腾。""我在变。"浠成笑着回答。"我听说有一次你与任老师叫板……"没等我说完，浠成的脸腾地一下子变红了。"别提了，别提了……"他一边说，一边一溜烟地跑了。

妙手男孩——雨顺

"校长，我有好东西给您看看。"雨顺在楼道里叫住我。"什么好东西，快给我看看。"跟着雨顺来到教室，他从橱子里拿出一挺机关枪。"这是废物利用，我用废品做的。还有一个。"说着又拿出一杆冲锋枪。"大小尺寸与真枪一样。"雨顺自豪地说。"太好了！太棒了！"我不禁赞叹。"还有没有其他货？"我笑着问。"没了。""有时间接着做行吗？期末与泰山一起做个展览。""行。"雨顺得意地点点头。

有什么比关注教育细节更重要

从教三十余年，我有深刻的体会：学校的工作没有比关注教育细节更重要的，因为很多悲剧的发生与教师忽略细节有关。

学生连续迟到，老师连续责备、讽刺、挖苦，最后一天，学生血刃老师。老师不知道孩子家庭这几天的变故——父母每天晚上吵架准备离婚，孩子连续好几天处在水深火热中，但是羞于家丑外扬，以及老师对他的态度，使他也不想诉说心中的痛苦，导致最后崩溃爆发。

本人经历过两名女生在课堂上"突发"精神病，后来都被送进精神病院。你想，精神病如果不是遇到突发事件，比如惊吓、刺激，一般情况下上着课就突发吗？

21世纪初山西一所学校，学生放学后，七年级的一名学生刺向几个长期在门口拦截他，向他索要钱财的八年级学生。一死两伤震惊社会。这是突发事件吗？懦弱的孩子拿起刀自卫是要经历怎样的心理过程？教训是血淋淋的，这样的案例不少。有的案例虽然不是血的教训，但是也令人深省。

有的学生学习成绩最初优秀，但是后来一塌糊涂，这难道是一个突变的过程？

一向阳光洒脱的学生，最后患上抑郁症或者焦虑症，这也不是一个突变的过程吧？

一向遵守纪律、懂得规则的学生，变得粗暴了，或者爱出风头了等，要在众人面前表现自我，这也不是一个突变的过程吧？

如果在一段时间老师突然感觉一名学生变得优秀了，我们就用"黑马"来形容他，这样的"黑马"也许真实存在，也许因为他被忽略的素日表现，有一天突然被发现了。这种种现象都是老师没有深度关注学生的结果。

宫梅玲女士写的《读祛心病》一书，39 个心理问题案例，有 15 个与教师相关，约占 40%，这是惊人的比例。如果老师在平时眼中有学生，这样的悲剧就不会发生吧？或者少发生。

不否认有些学校怕学生出问题，对学生关注度很高，但是所关注的是学生说错了什么话、干错了什么事，这种消极关注很难发生深度的关注。只有积极关注，才能强化学生正向行为，并且学生的心理也能得到健康的滋润。

我还想说：学校有的工作做得不到位，可以弥补、补救，关注学生细节这些典型的稍纵即逝的"特写镜头"是很有效的工作方式。学生是非常渴望得到老师关注的，特别是小学生。学生被关注使其心理上得到满足，对学生健康成长非常有利，特别是对学生良好的习惯养成非常实用。

这也是一个很普遍的真实案例。一个学生说，一个学期结束了，他在课堂上没有回答过一次问题。他说自己太普通了，以致成为被老师遗忘的角色。试想，这样的学生心理能健全吗？

多年来我与老师们一直坚持关注学生细节，力争每一个学生都得到关注。下面引几则老师们写的随笔。

1. 今天数学课上，按常规程序，先自主读 85 页例 2，小组合作交流，抽签，上台展示。赵伟宇小组进行展示，伟宇引导同学们读题，找已知条件，小睿和舒婷板书两种方法，并讲解解题思路，麦兜找新旧知识之间的联系与区别，最后伟宇总结出用转化的思想来学习新知，并板书课题百分数乘法，台下张心童补充用整数乘百分数更准确。四个小老师组织讲解得有模有样，让人刮目相看，为孩子们的精彩展示点赞。

2. 武术课上，老师发出"前抢背接鲤鱼打挺"指令，几乎所有孩子都下意识用手着地。这个抢背动作应该是前空翻，手着地显然是不标准的动作。但是有一个男孩与众不同，这个动作做得太干净利落了。只见他高高跃起，空中身体旋转一周，背部与两脚同时着地，声音反而并不是很大。但是没有经过训练，这一摔，一般人难以承受。只见这个三年级外表文静的小男孩，紧接着鲤鱼打挺一跃而起，动作是那么轻松、连贯、麻利、潇洒、漂亮。这个男孩叫马义成。

3. "丁丁，你明天坐到最前面好吗？"他爽快地答应了。第二天数学课，因为前排有一位同学请假，所以等我来到教室，丁丁已经自觉地坐到了前排。这节课主要讲长方形和正方形的周长，因为前一节课丁丁课堂状态不好，所以掌握得不太扎实，这节课自己也感受到了没学好，所以很自觉地坐到了前排，而且上课注意力很集中，回答问题也很积极。一节课下来，看得出丁丁非常开心，其实我也很开心。

4. 中午吃完饭，我刚回到教室，就看见肖煜坤举着一瓣橘子向我跑来，边跑边说："王老师，王老师，给您吃瓣橘子。"见我笑吟吟地望着他，他马上解释道："这橘子是小睿从宜昌带来的，据说又甜水分又大，可好吃了，在北方很难买到。我猜您肯定没吃过，就分一瓣给您尝尝。"说完，他伸出胖乎乎的手把橘子瓣塞到我的嘴里。

老师们坚持写教育随笔，于己也有很多益处，可以调节心情，收获幸福。心理学家通过研究指出，每天都能用文字描述一下生活或工作，会产生幸福感；每天我手写我心，会让大脑得到锻炼——口笔相应。每天都记录学生的细节，培养对问题思考的敏锐力、观察力等，让自己的教育能力得到相应提高。

老师们，这样坚持下去很有意义。关注学生细节并形成文字，在这个浮躁的社会背景下，我们做的是为数不多的实实在在的行动，同时还收获了教育的快乐，收获了我们自己的成长，收获了学生的成长。

细节教育中，爱其实很简单

关注分为积极关注与消极关注。关注学习与关注生活，关注成长与关注成绩，关注的角度不同，结果就会不同。

最重要的是关注学生的需求，但是前提是必须知道学生需要的是什么。很遗憾，并不是所有的老师都知道学生的需求。

这两天在森泰学校尝试推广成长型思维模式培养——细节教育。以下是一位老师第一次写下的学生细节——

有个孩子的棉服裂开了一个大口子，课间，我把衣服和针线同时放到了讲台上，本想自己尝试着缝一缝。这时候你走上前来，一脸笑容地问我："老师，你会缝衣服吗？"当时的我，很难为情，头也没抬小声回答道："不太会，我先试试看吧。"

本以为你问完之后会走开，但你突然接过我拙笨的手中的针线说："还是让我来吧！"当时我很诧异地抬头看着你，一脸疑惑，不禁质疑："这个男孩难道还会针线活儿？"而你的脸上却洋溢着灿烂的笑容，你一边教我，一边动手缝了起来。那个画面很温馨，现在还会时时浮现在我的脑海里。我想说："徐坤，你真的很棒啊！很多时候你都能给我意外的惊喜。"

老师把上面的细节送给了学生。没想到，老师没有提任何要求，当天，这位同学却送给老师下面的感想——

又要写感恩日记了，感觉这周过得挺平淡的，实在想不出该写什么，我就写一写在今天收到漂亮、温柔的赵老师姐姐给我写的纸条的心情吧。

早上刚读完书，随即我们班开始考单词。下了课，赵姐姐走过来，看了看我，给我塞了一张小纸条。我挺惊讶的，在打开之前，我问："是给我的？"她说"是"。顿时我心里闪现出无数个想法：会是谁写给我的啊？男的？女的？写的是什么？看，还是不看呢？

怀着好奇心打开后，我才明白了一切，原来这个纸条就是赵老师给我的。上面说的是昨天发生的一件小事，对我来说是一件微不足道的小事啊，但被我的老师赵姐姐记在心里。我顿时感受到了前所未有地被关注、被重视的感觉。别说，被肯定、被认可的感觉真好，真幸福啊！很开心的一天，嘿嘿……真的，好久、好久没有过这种感觉了。

赵老师兴奋地告诉我事情的始末，并且将孩子写给他的纸条拿给我看。爱其实很简单——读懂孩子的需求并给予关注。

我和细节教育的不解之缘[1]

2017 年 7 月，一篇名为《细节教育怎样改变一个孩子的生命轨迹》的文章在国家教育行政学院校长会公众号发表，以口述实录的形式再现了我与孩子们的细节教育故事。说起细节教育，我心中有滔滔不绝的故事，这个架起学生与老师沟通桥梁的方法，正改变着我的工作方式和生活方式；这个一支笔和一段文字的力量，正穿透时间和空间的距离在彼此的心中生根发芽。经年流转，却如涓涓流水，情意绵绵。

细节教育是一盏灯，以小见大：公开课的意外！

今天公开课的最后一个环节，是让同学们回答最喜欢的一天。好多人答道 Friday，我能理解，因为第二天放假休息。你却说"我最喜欢周一"。我以为你喜欢周一是因为喜欢学习，可当我问"why"的时候，你说周一是你的生日。我才知道今天刚好是你的生日。我问班上的同学们："有谁送上了生日祝福？"所有的同学都摇头，说"no"。那一刻，我看见你低垂的头，噘起的嘴伤心的样子。"Happy birthday to you！"当我们齐唱生日歌时，你又破涕为笑，怡然自得。孩子，祝你生日快乐！

她是静，她说，自从进入初中以后，所有美好的生活都结束了，只剩下了孤独。性格的执拗、不爱交往的个性、从小的宠溺让她在新的环境中倍感压抑。所以，她的生日，才会有零祝福。英语课上的一首歌，老师的

---

[1]　本篇为崔小英老师的文章。崔小英老师是当年张斌利校长倡导细节教育的先行者，这项活动她已经坚持 15 年了。目前她经常应邀去全国各地做班主任培训工作，曾经多次在国家教育行政学院授课。

一张小纸条，居然开解了她心中的执念。细节教育的"细"不能用"小"来形容，而应该是一个"巧"字，恰巧是那个人，恰巧是那个瞬间，恰巧你给的是她正需要的。在那段描述的文字里包含了你的理解、你的尊重，而真正解决问题的往往是她自己，你只是给了她解决问题的勇气。

细节教育是一场雨，酣畅淋漓：爱成绩还是爱诚信？

你按照惯例来找我考单词，自己提前制作了一张汉语单词表。一向淡定的你今天显得有些慌乱，我匆匆瞥了眼你的单词表，有着很深的笔刻划痕，你照着划痕的样子描出单词，分明是欲盖弥彰。我生气极了，真想一把撕碎那满是虚假的单词，赶走你不劳而获的心魔。可就在我向你走近的时候，你突然站起来，满脸通红地说："老师，我单词还没背好，能不能这次成绩不算了，下次再考？"我长长地舒了一口气，还好，还好，在成绩和诚信之间，你选择了诚信。

她叫迪，是一个十分优秀，却又忌惮失败的女孩。面子是她一生的荣耀，成绩是她永远的保护伞，为此她宁愿"铤而走险"。可这样的女孩异常脆弱，她经不起任何的风吹雨打，甚至老师的促膝长谈都是一种无形的施压。文字成了攻破她心中那扇自傲门的钥匙，在文字里，她能看到真诚，看到信任，她能心平气和，她能发现问题——对于一个骄傲的女孩来说，承认自己的问题已然是一种巨大的进步。此时，我的小纸条表明了一种态度，明确了一个方向，而又保护了一个女孩的自尊和她最看重的脸面。她们喜欢这种方式，是喜欢和老师一起收藏自己成长中羞涩的秘密。我喜欢这种方式，是因为暴风骤雨的教育远不如润物无声的倾诉，我可以放缓脚步，远远观望，耐心等待。

细节教育是一片田，心耕繁花：三分钟热度。

我的博客里突然多了个新访客，名字叫三分钟热度。打开一看，文字和故事甚是熟悉，原来就是那个做事做到一半，坚持没三天的你。可是就是这样一个名字，让我不禁留言：$3+3^2+3^3+\cdots+3^n=$？从此，我每天去看一看，我的惊喜不断。你记录了你的随想，你的失败，你的懊恼，你的遗憾，甚至一声长叹，唯有一点——每天一篇博文从不缺席。关注你快三个月了，你的三分钟热度已然变成了三分钟成长册，三分钟故事集，真高兴那个做事到一半，坚持没三天的小伙子不见了，遇见今天的你，真好！

他是彬。一个充分了解自己，却永远不求改变的男孩。送他一本书读，他说太厚了；我们徒步旅行，他说太远了；让他学习上再攀一个高峰，他说太难了。他很容易起步，却很难坚持到底。写博客是他的一次大胆尝试，每天写下去是他第一次成功的经历。一写就是三年，一千多篇之后，他变成了一个韧性十足、刚强坚毅的男子汉。他说他的改变源于一个细节，一段文字，我却深知在他这片责任田里，躬耕繁花的是一颗满足的心和一腔守望的情。毕业时，他送我一本相册集，命名"我心中的最美女教师"，这于我是最深的爱戴，而最好的回报则是他以坚韧和坚强的毅力考入了他理想的大学，终于活成了他自己期望的样子。

那个孤独的女孩静在上高中，她常常写信给我，说得最多的一句话是："老师，等我，等我回来和您一起教英语。"那个骄傲的女孩，上八年级，是我现在的学生，学会了面对问题、解决问题，最重要的坚持原则、坚守底线。细节教育以它独特的方式改变着孩子们的生命轨迹，又何尝没有改变我的生命轨迹呢？它不言，却胜过千言万语；它不语，却让人刻骨铭心。我执教鞭的手变得柔软，我善纠错的心变得豁达。自从结识了细节教育，有多少我笔下的细节被学生收藏，有多少文字埋在他们心底，我又收获了多少学生的故事，存储了多少感人的瞬间。我与细节教育的不解之缘，是把每一届孩子送走时留下满教室的回忆，迎来新一届学生时洋溢满目的期待。

用细节构建和谐教育

美国斯坦福大学心理学家詹巴斗进行了一项试验，他把两辆一模一样的汽车分别停放在帕罗阿尔托的中产阶级社区和相对杂乱的布朗克斯街区。对停在布朗克斯街区的那一辆，他摘掉了车牌，并且把顶棚打开，结果不到一天车就被人偷走了；而停放在帕罗阿尔托的那一辆，停了一个星期也无人问津。后来，詹巴斗用锤子把这辆车的玻璃敲了个大洞，结果仅仅过了几个小时车就不见了。由此美国政治学家威尔逊和犯罪学家凯林提出"破窗理论"：如果有人打坏一栋建筑上的一块玻璃，没有及时修复，别人可能接收到某种暗示性的纵容，去打碎更多的玻璃。久而久之，这些窗户就会给人造成一种无序的感觉，在这种麻木不仁的氛围中，犯罪就会诞生蔓延。

课上课下有的学生故意大声说话或出怪声；有的学生看似无意地踢了一下凳子；有的学生想回答问题，把手举得高高的，做出变形的举动。我们能忽视这些小细节吗？当这种"破窗现象"出现的时候，教师首先应反思一下，这些现象出现是不是教师日常教育教学中存在着失误。也许是你没有满足学生表现的需要，这样的学生可能是被你遗忘或讨厌的群体，他们的这些举动也许是为了引起你或他人的注意，哪怕是你批评他几句，他也可得到心理上的一些满足。出现类似的情况，教师要思考：这是不是学生渴望与你沟通？或者你给予他的表现机会过少，以致学生得不到心理满足而采取的下策。

当学生几次举手想回答问题时，教师未能发现或未给学生机会，一颗积极进取之心也许就会变得冷漠。当有的学生偶尔为班上做了一件事情或帮教师做了一件小事，如果教师视而不见或者漠视这一切，一颗爱心的种子也许永远不会发芽。当学生一次完美的回答或一次漂亮的作业，教师没有肯定或赞许，一颗智慧的火花也许就会永远熄灭。

罗杰斯呼唤建立在真诚、尊重、理解的基础上的师生关系，使我们看到了教育复兴的曙光。校园中良好的师生关系满足了爱与自我价值的心理需要，学校的教学就已事半功倍。在 2004 年的第二学期开学之初，我校给每位教师发了一个记录学生细节的小册子，要求每位教师抓住学生生活中的特写镜头，将它记录下来，从不可忽视的小细节的正反两方面进行研究探讨，精彩的细节给予学生鼓励，恶小的细节给予学生鞭策（防微杜渐）。细节的记录有以下几种类型。

1. 批评中充满了善意。例：下课时大雨滂沱，你一声尖叫从室内冲出而后快速返回，在雨中嬉戏。怕你感冒，真想往你屁股上踢两脚，惩罚你这不该开的玩笑，但又收回了脚，因为你长得乖巧。还有一个让老师偏爱的聪明的头脑。

2. 责怪中充满了爱意。例：父母下地未归，你未吃饭就匆匆来上学，可见学习在你心中的地位，但空腹学习的效果不好，那天你的班主任值班，我也正在值班，为什么不告诉我们呢？

3. 描写中充满赞扬。例：下雨了，停电了，雨点敲打在你宽厚的背上，你倔强地开电机房的门，我几次让你快进别的屋子避避雨，但你依然试图打开生锈的锁。做事、学习你都体现出这股韧劲。

4. 回忆中充满感恩。例：那天上学的路上，我正低头修理自行车，你从后面赶上来："老师用帮忙吗？"我怕把你的手弄脏忙说不用。可你也没有动身，静静地站在我的身旁看着，我修理好后抬头看看你，你会心地一笑，骑上你的自行车向学校驶去。

5. 刻画中充满激励。例：那一天你来得很早，打开了宿舍房门，你将同学的被子一一晾晒，晒在课桌上，晒在自行车上，晒在……你忙了半天，也是那一天你将"心"也晾晒了！

6.叙述中充满风趣："发挂历啦。"门一下子被推开，你从外面闯了进来。那天你穿着大衣，右手缩在衣袖里护在胸前，左臂高举着，摇晃着身躯闯进教室，一面左摇右晃地大步流星，一面仰着头嚷："老师们发挂历啦，每个老师都有，走哇！咱们快去看看啊！"看着你这副憨态可掬的样子，同学们都哈哈大笑起来。此时坐在学生座位上的我也忍俊不禁地笑出了声。而你却全然不知，仍旧更起劲地连颠带蹦地大声喊，从南行绕到北行继续大声宣扬着你的见闻。当你走到我近前的时候，我用脚轻轻地挡了你一下，而你却头也不回地喊了一句："谁……"当你刚想再往下骂的时候，回头定睛一看是我，一下子把那下半句话咽了下去。只见你一愣神，脖子一缩，嘴一咧，脸唰地红了，眯缝着眼尴尬地一笑，而后像兔子一样一溜烟地跑出了教室。同学们又是一阵哄堂大笑。唉！你这个活宝——阿亮。

在日常教育教学当中，将这些记录下来的细节，巧妙地传递给学生：与学生谈话的时候说起它；批改作业时写在他的作业本上；期末写在他的评语栏内；有的发表在校刊"你在我的视觉中"的栏目上（师生互动的栏目）。通过一个学期的试验，我校取得了丰硕的成果。师生之间的情感加深了，因为学生充分地享受了爱的阳光；所谓的"差生"不再是双差，因为他们的人格得到了尊重；教师的生活充实了，因为他享受着爱人与为学生所爱的自豪。

因此我校的治校格言是：观察不到学生细节的教育是目中无人的教育；不善于捕捉学生细节的教育是缺乏技巧的教育；记忆中不存储学生细节的教育是缺少真爱的教育。总之没有细节的教育是粗糙的教育、不完美的教育。

放开爱的绳索，唤醒孩子自我管理的本性

　　席间朋友谈到他仅仅7个月小孙子的一件趣事。前些天小孙子不慎将腿烫伤，大人给孩子上外用烫伤药，向来淘气，并且一分钟也闲不住的小孙子，上药的时候伸着小腿静静地、一动也不动地等着。也许是因为上的药物凉丝丝的，有缓解疼痛的作用吧，不会说话的小孙子常常拉着大人的手示意给他上药。特别有趣的是上完药后，小孙子就闲不住地继续玩耍，在玩耍的过程中始终对受伤处实施自我保护。

　　由此我忽然间想到，假如小孙子不是7个月大的婴儿，而是7岁的男童，上完药后，大人是不是要千叮咛万嘱咐："玩耍的时候别碰到伤口处，你要加小心！"甚至说："你就别动了，躺在床上好好养伤！"可悲的是这样做，并没感觉出是多余的。

　　小孙子的案例说明一个问题，自主本是天性，但是由于时时被这多余的"管"，人逐渐改变了本是自主天性的默认设置——"我们需要被管"。丹尼尔·平克说："我们有时候忘了管理并非来源于自然，它不像树木或者河流，而是像电视或者自行车一样，是人类发明的东西。"

　　常常听到有的家长抱怨说："我的孩子特别懒""我的孩子天生缺少注意力""我的孩子特别被动"，等等。孩子真的懒吗？给他机会打游戏，是不是可以打个通宵？孩子真的注意力缺失吗？你观察一下他看动画片的神情。孩子真的被动吗？他感兴趣的事情是不是做起来废寝忘食？

　　奴隶造不出金字塔。放开手，让孩子自己管理自己。特别是学校的管理在这个时代更应该升级。知识的来源已不仅仅是耳提面命，并且这种传

承知识的方式会越来越少，而我们的学校管理还处在原始的状态。这种与时代不相匹配的管理效果会怎么样？丹尼尔·平克说："这个时代不需要更好的管理，而是需要自我管理的复兴。这个复兴就是管理更加人性化！人的本性就是充满好奇心、倾向于自我管理。"

"把爱变成绳索，把期待变成鞭子"，这种教育培养出来的必然是被动的接受者，培养的是奴隶，培养的是没有主见的行尸走肉。只有唤醒学生自我管理，学生在学习中才会有取之不竭、用之不尽的前进动力。

目前有些学者把管理分成三级，恐惧的级别是 1.0，奖励与惩罚的级别是 2.0，最高层次内驱力的级别是 3.0。在这个复杂的时代如果不把一个人内驱力的级别 3.0 唤醒，所有的付出都不会达到预期的效果。《奴隶造不出金字塔》这篇文章就能说明一切。

如何唤醒学生自主性

如何唤醒学生自主？在学校的教育教学中有很多措施可以采用。比如把学生的家庭作业变成家庭学习，能回答丹尼尔·平克 3 个问题，就能达到这个预期。

第一，如何写作业、何时写作业，给学生自主权了吗？

第二，作业并不是机械地重复课堂学习内容，是否有趣？

第三，学生自己是否了解作业目的？

让学生自己组织社团活动、自己安排假日生活、自己制订学习计划、小组自治、班级自治等，学校也可以在学习日安排一天或者学生完全自学。

在这个复杂多变的时代，我们一定要放开爱的绳索、期待的皮鞭，用智慧帮助孩子回归人之本性 3.0 版本。

《种树郭橐驼传》这篇文章是柳宗元早年在长安任职时期的作品。此文是针对当时官吏繁政扰民的现象而写的。中唐时期，豪强地主兼并掠夺土地日益严重。仅有一点土地的农民，除了交纳正常的捐税外，还要承受地方军政长官摊派下来的各种杂税，整个社会民不聊生。

读完这篇文章也想说，这文章似乎是针对当今应试教育扰乱学生心性而作。当今教育对学生精力是不是在全方位地恶意开采？学生在学校"只要学不死，就往死里学"。可怜的孩子们没有童年生活，日常生活中仅剩下的一点时间又被校外机构占用。自由成为学生的奢侈品、稀缺品。"学生不聊生"，这样说不过分吧？！

我们一起分析郭橐驼的种树经验。

有人问他种树种得好的原因，他回答说："我郭橐驼不是能够使树木活得长久而且长得很快，只不过能够顺应树木，来实现其自身的习性罢了。"

于自然而言，我们目前的环境是不是在吞食当年"人定胜天"的恶果？真正的教育是同样的道理——就应该顺应天性。只有这样的教育，学生才能得到健康的发展。

教育需要细心地呵护，但是最重要的是为学生健康成长做好充分的准备。

"但凡种树的方法，它的树根要舒展，它的培土要平均，它根下的土要用原来培育树苗的土，捣土要结实。"

"已经这样做了，就不要再动，不要再忧虑它，离开它不再回顾。栽种时要像对待子女一样细心，栽好后要像丢弃它一样放在一边，那么树木的天性就得以保全，它的习性就得以实现。所以我只不过不妨碍它的生长罢了，并不是有能使它长得高大茂盛的办法；只不过不抑制、减少它的结果罢了，也并不是有能使它果实结得早又多的办法。"

做好了充分的准备，我们就可以放手了。让学生自主成长是教育的关键。只有这样的教育才最有价值，最有意义，最符合成长的规律。

别的种树人却不是这样，树根拳曲又换了生土。他培土的时候，不是过多就是过少。如果有能够和这种做法相反的人，就又太过于吝惜它们了，担心得太过分了，在早晨去看了，在晚上又去摸摸，已经离开了，又回头去看看。更严重的，甚至用指甲划破树皮来观察它是活着还是枯死了，摇晃树根来看它是否栽结实了，这样树木的天性就一天天远去了。虽然说是喜爱它，这实际上是害了它；虽说是担心它，这实际上是仇视它。所以他们都不如我。我又能做什么呢？

这与我们当今的教育是何等相似！一个又一个教育理念在校园里更替，一个又一个方法尝试，一种又一种模式更换，如今仿佛进入一个盛产理念、方法、模式的时代。这就是"树根拳曲又换新土"：急功近利的教育不是过度地开采学生精力，就是把教育窄化为仅仅是应试，没有童年，没有欢乐，没有幸福。这就是"不是过多就是过少"：学习的时间、学习的方法、学习的内容、学习的团队这四个自主的要素，学生有吗？他们一味被动地被绳索捆绑住前行。社会、学校、家长无时无刻不对学生进行干预，甚至靠恐吓、靠打骂逼迫学生学习。这不就是"早上看，晚上摸，用指甲划"吗？这与其说是爱，倒不说是以爱的名义对学生戕害！

如果想让树根深叶茂，结的果实多，郭橐驼的经验就是：做好充分准备，放开手。

大道相通，万法归一。柳宗元先生讲述郭橐驼种树的经验是在告诫为官之道要符合自然规律。其实做教育的道理不也是这样吗？我们的教育更应该放开手，发挥学生主观能动性。只有这样才能激发出学生内在的驱动力。以恐惧或者奖励与惩罚作为驱动力，这里面含有动物性，是低端的驱动力。而内在的驱动力才是人之所以为人的高级动力。这种动力持久而强劲。

我也在思考一个问题：柳宗元为什么要把种树的人写成一个严重驼背的残疾人？驼背的人生命状态大部分是低着头，看着大地。做事情是不是需要一心一意埋头苦干？

课堂"四不讲"，培养成长型思维

"不用讲，学生就会的；不用讲，学生可以自己学会的；不用讲，学生之间可以教会的；不用讲，讲了学生也不会的。"这"四不讲"在教育界已经流行若干年了，但是在课堂上坚持做到的老师并不多。

笔者曾经在主持一所乡村学校工作的时候，大力推广这"四不讲"，在推行的过程中采用了"矫枉过正"的做法——实施"闭嘴课堂"。因为"讲"已经成为老师们的习惯，想改变就要矫枉过正。最终的结果是什么——教学成绩大幅度提高。但是这种做法我并未坚持下来，其原因就是读了帕克·帕尔默的《教学的勇气》一书受的影响，帕克·帕尔默之所以选择教师的职业，就是因为上学时一位老师上课的时候陶醉在充满激情的"讲"之中。当年的他想：当老师陶醉地讲是多么惬意啊！

就在读了这本书后不久，我与两位朋友晚上在一家饭店小聚，正吃饭的时候，十几个人闯进我们房间，原来是朋友 20 年前教过的学生在隔壁发现了我们，于是端着他们的酒菜，干脆挤在我们这个房间与我们一起用餐。这些学生都是当年学有所成的优秀学生，有的现在已身居要职。在频繁给朋友敬酒的当儿，我禁不住问这些学生，老师当年给他们留的最深印象是什么。这些学生异口同声地回答：当年老师激情四射滔滔不绝的讲课！课堂内容基本都忘记了，但是当年老师的生命状态却给学生留下深深的印象。也就是说，当时老师上课如醉如痴的投入状态，点燃了学生生命的激情。

那一天回家后我陷入思考中。"闭嘴课堂"剥夺了老师讲的"职业幸福"，这矫枉过正对吗？最后我选择了不再坚持。近些天我读了些资料又陷入思考中。

"香港教育学院的心理学研究教授摩奴·卡普尔一直致力于'有价值的失败'的研究。他的研究表明，给予学生时间去努力解决问题，与明确告诉学生怎样解题的显性教学两者相比，前者能够帮助学生更好地理解问题，更好地把这次通过苦苦思索学到的内容应用在以后的学习中。

"在新加坡的学校中，卡普尔围绕'有价值的失败'理论进行了一项研究。在这项研究中，两组学生分别暴露在两种不同的数学教学策略中。第一组学生接受的是怎样解决一系列问题的显性教学与明确反馈。第二组学生没有接受老师的显性教学，而是引导他们与同学合作解题，以此代替向老师寻求帮助。得到老师帮助的第一组学生，能够正确回答布置给他们的问题。没有得到老师任何帮助与指导的第二组学生，未能正确解答出问题。然而，根据卡普尔的记录，第二组学生花费了多得多的时间，去讨论关于这个问题的想法、策略与各种结果。当他测验这两组学生的学习情况时，第二组学生比第一组学生成绩更好。

"卡普尔把这一理念定义为'隐藏的效力'，失败驱使学生去深入思考问题的本质，而这样做的价值远远高于只得出正确的答案。卡普尔断定，如果学生通过失败解决了问题，那么在下一次需要的时候，他们就能够更好地应用这一辛苦得来的解决方案。这种有价值的失败，虽然一开始让人不舒服，却能帮助学生更好地理解学习，更好地解决问题。"（见《成长型思维训练》）

卡普尔的实验也验证了我们当年实施的"闭嘴课堂"的合理性，那一年我们学生的成绩得到大幅度提高。尤其是在实施后的第二年，在700万人口的城市中，一中选拔100名优秀学生，我们这所偏僻的乡村中学有两个学生入围，并且有的孩子升入高中后成绩依然很出色，最后高考成绩也非常高。

在今年寒假期间，有个学生非常自豪地给我发微信，说她在国内一家很大的公司工作，公司选派两名员工到国外深造，在选拔考试中她名列前茅。她兴奋地向我表示感谢，说这个结果来自初中上学时培养出来的能力。其实，学生的这种能力还包含着成长型思维模式的培养。

寒假，我们换一种方式成长

新年伊始，春回大地，新开始，新征程，转眼间寒假已过半，博奥学子笃行成长型思维模式培养理念，发挥高度自律精神将寒假生活安排得既井井有条又充实自在。

大家牢记"人生无假期，放松莫放纵"的假期活动宗旨，秉承校训"自己和自己比，行后和行前比，这次和上次比，今天和昨天比"的"四比"原则，不断享受着"换一种方式成长"的快乐与踏实。

主动获取信息与被动获取信息之间大脑的利用率相差十倍。从正式放假开始，学生就结合居家学习活动的实际情况，参照在校学习生活的节奏，开启了自主学习、主动发展的假期成长模式。

同学们根据自己的实际情况，制订出自己的学习活动锻炼计划，严格按照既定的学习任务，完成作业、查漏补缺、提前预习，并将自己的学习情况、作业完成情况按时反馈给学科老师。对学习中遇到的各类问题都能主动请教老师，老师们总是及时地给予回复。

为了创造良好的学习环境，屏蔽一切不必要的干扰，同学们还对自己的书房、卧室进行科学的布场，并坚持着校服，按点学习和作息。这一切都显得那么主动、自觉、自然，表现出极强的自律性和上进意识。

一般来说，寒假的最大问题是晚上不睡，早晨不起，黑白颠倒，慵懒无忌。如何防范，学生们自有办法，绝招之一就是每天的"清晨，我把你叫醒"活动。或组长，或组员，每天到时间都有同学来叫早。这是同学间的监督，更是有效的互相激励。

自主学习期间，同学们不约而同地打开视频，利用网络相互鞭策。同学之间比着打卡出勤，比着专注投入，比着晾晒作业，在"线上"同样体验到"线下"的良好感觉。

独学而无友，则孤陋而寡闻。小组视频研讨是同学们每天的规定动作。大家通过交流研讨，攻克疑难；通过分享所得，互相借鉴，共同成长。要想走得快，自己走；要想走得远，大家一起走。漫长的假期，不是"弯道超车"，而是苟日新，日日新，携手并进的团队追求。

假期是灵活灵动的成长空间。离校前，同学们都是称了体重的，开学后的第一项检测就是再称体重。

锻炼是必须的，早晨跑操，课间八段锦，还有俯卧撑、举哑铃、仰卧起坐、和爸爸妈妈打羽毛球……运动量比学校大。

间或录一节微课，享受一下当老师的感觉，更能感受到知识的魅力。学习金字塔告诉我们，讲给别人听是最有效的学习方法。锚定一所心仪的大学，悄悄做好人生规划，这是同学们假期休整的一项重要任务。

同学们通过视频、PPT 等形式，积极配合，主动参与县团委的"青春自护，平安春节"主题教育活动，全面提高自身的社会责任感和自我保护的意识与能力。此外还有学习一门才艺或技术、每天一篇成长日记、出一套模拟试卷等，假期"7 个一"活动无不让学生们展示着成长的活力与朝气。

寒假，我们换一种方式成长。自主自律、自我提升、自我超越的博奥学子正演绎着一个充实而有意义的假期。

我们坚信在成长型思维模式培养理论引领下，博奥学子必将以饱满的精神状态，扎实的知识智力储备，迎接新学期的挑战！

请这样布置学习场

同学们，每当你回宿舍的时候，是不是就很想放松？进教室的时候，就有应该尽快进入学习状态的想法；进食堂的时候，味蕾就要活跃了。这虽然是日常生活中再自然不过的现象，但是你是否思考过这是为什么？这就是由特定的场所引发出的特定的行为。心理学家陈海贤称之为"环境场"。

当有人问我读书效率最高的地点是什么地方，我会告诉他，在学生的自习室里。

多年来，当拿到一本晦涩难懂，但是感觉非常实用的书时，我的经验就是去教室，坐在学生的空位上与学生一起学习，在学生的教室将书"啃"下来。说白了，就是借助教室里学生的学习氛围，来促发自己坚持钻研下去。

我家附近有个全国闻名的图书馆，每到节假日在那里读书的人都很多。无论男女老幼都在读书区域静静地读书，绝没有接打电话现象在读书区域里发生。大家都很遵守馆里的规定，图书馆读书区域静得出奇。

这两种情况都是"场"的作用。因为"场"的不同，"在一些地方你会努力学习，在另一个地方你就会懈怠。在一些地方你会沉默寡言，在一些地方你会滔滔不绝"。（见《了不起的我》）

"场"的作用的确很大啊！这就是为什么家长们不惜一切代价给孩子择校，或者给孩子挑一个好班级的原因。好的校风班风也就是好的"场"，经专家研究，其在影响学生成绩方面占 12.07%。但是我们也不应该忽略另外一个因素，好的环境也影响学生的学习情绪，而学习情绪在决定学习成绩上占 59.2%。疫情结束开学后，很多学生因为在居家期间没有控制好自己，学习成绩因此大幅滑落。回顾那段往事，几乎所有的学生都后悔不迭，并且心中怀有深深的愧疚与自责。

"那段日子不是意识不到自己的未来会成为今天这个样子，但是就是控制不住自己，日复一日地自责、愧疚，不知道自己为什么不能改变。"

陈海贤先生把乐趣分为两种：消费型快乐与创造性快乐。显然那些在假期没有控制自己的学生享受的是消费型快乐，但这种快乐是一种低俗的，我称之为"慢性甜毒药"的快乐。它所满足的是表面感官刺激与生物性的需要。

而创造性的快乐就是我们学校以王学扬同学为代表的理智的快乐。在新冠疫情期间，他自学完了高中全部的物理、数学学科课程。宿舍虽然是休息睡觉的地方，但是当年在研究生招生比例极低的情况下，秦皇岛一所大学的一间宿舍里，整个宿舍的同学全部考上了研究生，一时被传为佳话。

我们博奥高中有的宿舍的学生为什么也发生整体成绩上升的现象？经观察发现，这个宿舍的学生零碎的时间利用率极高。看看衡水中学的餐厅，在等待打饭的时候，所有的学生都在做一个相同的动作："背知识点。"（我并不提倡）

以上说明什么？"场"的作用。我们可以在特定环境里为自己布"场"。

按照陈海贤先生"在身边养一个场的方法"，希望同学们下一步这样做：有条件的最好的地方是你家的书房；没有书房的，选择你的卧室也行。在这个"场"中必备的是一张书桌或写字台。以卧室为例，在这个"场"里，你除了该睡觉的时候睡觉，其余的事情除了学习什么也不要做。你想吃东西，你想休息一下，去餐厅、客厅。除了听老师讲课外，你需要登录其他网站时，建议你一定去别的房间。

建议在这个房间张贴一些名言警句，例如："一个人的成功要素，自控力是智商的二倍";"将来的你一定会感谢现在努力付出的自己";"一个成功的人拒绝消费型快乐,享受创造性快乐";等等。如果能将这些名言警句装裱悬挂于这个"场"中明显的地方,作用会更大。

"场"并不虚幻,它就是一个人在一个空间里做事的习惯。习惯会形成稳定的心理预期,稳定的心理预期又会巩固习惯行为。一个人在某个空间里做的事情越纯粹、越持久,这个空间"场"的力量就越大。(见《了不起的我》)

真诚地希望各位家长、同学不要小看对这个居家布"场"的要求,它极大可能给你带来持久的改变,这种改变会把你引向精彩的人生之路。

建议同学们把你的"场"拍照下来,上传到班级空间,以此相互勉励。同学们,我们还有一个巨大的"场"存在——班级空间,希望同学们在这个"场"中,一起努力学习,一起深度交流,一起互相激励。

同学们请记住,老师们时时刻刻陪伴你,这也是一个场。

教育缺少一个 "黑匣子"

根据国际航空协会统计：2013 年西方国家制造的飞机飞行事故率为 240 万分之一；2014 年事故率降低为 830 万分之一。而在 1912 年，在当时仅有的 14 名美军飞行员中，8 人死于空难。早年的军事航空学院致死率高达近 25%。

对比一下医疗，1999 年美国医学研究所公布，美国每年死于本可以避免的医疗事故的人数为 4.4—9.8 万人之间。另一份报告是哈佛大学卢西恩利普的调查，该调查显示，每年仅在美国就约有 12 万人死于医疗事故。据《患者安全季刊》2013 年发表的研究报告，每一年医疗事故死亡人数高达 40 万，这个数字相当于每天有两架波音 747 坠毁。据《东方日报》显示，中国每年死于医疗事故的人数高达 40 万，是交通事故死亡人数的 4 倍。

为什么两个行业安全发展的速度会如此悬殊？飞机上，一旦发生事故，"黑匣子"就会被打开研究所记录的数据，事故原因一目了然，这样操作规程就会很快得到修正，避免重蹈覆辙。也就是"黑匣子"让人"不贰过"，而医疗事故发生后调查工作不是为了找出教训，而是遮遮掩掩，或者找出完美的借口掩盖问题，这是世界通病。

航空业的规章制度让每家航空公司、每个飞行员和管理者都能有渠道随时得到新的信息，资料能在第一时间被全世界获取。而医疗界却令人很失望，比如说柠檬汁可以预防维生素 C 缺乏病这一在英国的发现，到在全英国推广，时长高达 264 年。在信息更加闭塞的地方，推广这一医疗成果所需的时间会更长。

由此想到目前我们的教育。曾有两起幼儿园教师伤害孩子的事件在网上热炒。一起是幼师针刺孩子；一起是幼师给孩子灌喝风油精。而类似这样的教育事故接二连三发生。校园欺凌事件一起又一起，学生自杀的新闻一个又一个，考入高等学府的学生做出令社会失望的行为一个又一个，社会人员冲入校园砍杀学生的案件也时时上演。为什么？责任是谁的？管理的漏洞在哪里？最佳的改进方案是什么？出了问题媒体不应该盲目渲染，因为事件的发生"传染性"与"模仿性"会导致类似的事件再发生，而教育组织与机构、从业者应该认真处理和警示。

教育是不是缺少一个"黑匣子"？种种幼师伤害孩子的事件，有些幼师受到了应有的惩罚，被判入狱。相关机构是否像飞机上的黑匣子一样把这不幸的消息，通过官方正式渠道传到每一所幼儿园。如果真的传达到位，不会没有震慑作用吧？

学生因寒假作业自杀事件发生数起，敏感的合肥市庐阳区教育局郑家凯局长，组织教育局相关部门在开学前给每位学生发出一封信。春暖花开，高高兴兴上学来，尚未完成作业的学生可以"打欠条"。一个"尚未"就是还没有结果，给学生成长以等待。这样的好经验希望全国有多少局长、校长学习和推广。

校园欺凌、学生自杀、尖子生堕落以及学校课程改革失败案例等，这些事情有什么共性？怎样预防？这些是否记录在教育的"黑匣子"里？

航空业高速发展原因之一在于"黑匣子"不回避问题，敢于面对问题。也有人说航空业死亡包括飞行员自己，而医疗事故死亡的是别人，因此促进航空业的改进速度。我感觉也不尽然，除了行业的特点外，还有做人的良知、做人的责任。

面对教育的种种问题，特别期盼、期待教育安装一个"黑匣子"。

吃一堑，长一智

"我的计划失败了"，"我犯错误了"，失败与错误是每个人成长必经体验。中国有句话，"吃一堑，长一智"，但是有些人总是在"吃一堑"上面纠结，进而产生沮丧、灰心丧气、一蹶不振等消极情绪，这是典型的固定型思维模式。

为什么具备成长型思维模式的人复原力会很强并且"屡败屡战"？拥有成长型思维模式的人把注意力放在"长一智"上，"计划失败了，但是我还有机会"，"犯错误了能让我变得更好"。甚至在拥有成长型思维模式人中，他们的人生字典里就没有"失败"这个词。"没有失败，只有反馈"。典型的人物如爱迪生，当世人盛赞他在制造白炽灯上失败那么多次还能坚持的时候，爱迪生却说："你们错了，我没有失败，而是成功地发现哪些物质不可以做灯丝。"

这世界上没有不经历失败就走向成功的人，他们都是在失败中总结经验与吸取教训中前行，甚至有些人是含着泪水向前奔跑。丹麦作家尼斯·金格拉说："人们四处闲逛的时候，不可能突然发现自己最后逛到了珠穆朗玛峰的峰顶。"如果不甘堕落，不甘平庸，不想让生命贫瘠，就拥抱失败与错误，在这里面寻找成功的契机。

为什么很多人在学习母语时，智力水平还没有得到完全发展，竟然在2周岁的时候就能基本完成，可是学习第二语言却是那么困难。有人说这是没有第二语言环境造成的；也有人说相对来说学习的时间不足。一个孩子从小学到初中九年都没有学会第二语言，我觉得不单纯是以上两种原因，还有一个原因不能忽略，就是小时候学母语，经常说错了，但是不以为耻，总是能在错误中不断纠正自己、完善自己。而学习第二语言的时候在这方面就远远不够了。

英国伦敦南部温布尔登高中每年为学生举办一项名为"失败周"的活动。在这一周里，校长召开研讨会和座谈会，在会上讨论失败的益处，并请孩子的父母、老师以及其他榜样人物讲述自己失败的经历。在活动中，组织者还放映名人成长历程的视频，展示这些人在错误中学习的经历。这些活动让学生重新解读"失败"，从而增强学生的复原力。

英国这所中学开展的"失败周"特别值得我们借鉴。目前由于考虑学生安全问题，很多学校因噎废食，户外集体对抗活动越来越少，生理体验的失败越来越少，因此上升为心理体验就很难。为什么很多运动员在退役后转行做其他事业也容易成功，因为他们的生理体验的丰富性常人无法相比，在长年艰苦的训练中形成了个性顽强的品格，这恰恰是在干事业中最需要的素养之一。

惧怕失败、惧怕犯错误的学生，建议他们选取一本自己喜欢的名人传记，经常带在身边，时时翻阅。也建议这类学生把自己了解的名人在失败中崛起的故事相互交流。

最后把从《论语》中选取的语句放在这里，供大家读之思之。

> 过则勿惮改；
>
> 过而不改，是谓过矣；
>
> 君子之过也，如日月之食焉：过也，人皆见之；更也，人皆
> 仰之。

考试仅是学习的工具

　　有人的地方就有江湖，有学校的地方就要有考试。但是考试往往导致学生形成固定型思维模式。分数下来就要排名，甚至由此将学生分出等级。分数高的学生自以为聪明，高别人一等；分数差的学生自认为不是学习的"料子"，干啥啥不行。

　　前些年流行的一句话："考考考，老师的法宝。"科学证明，考试的确是促进学生学习的一项非常有效的手段。我们来看伊利诺伊州哥伦比亚市的一所中学做的实验。

　　研究人员在伊利诺伊州哥伦比亚市的一所中学里，做过这样一个实验：他们安排八年级的学生接受不重要的小测验（同时安排反馈），内容是科学课上的部分知识点，小测验成绩只占很少学分。另一部分知识点不会出现在小测验中，但是会安排学生复习三遍。在一个月后的大考时，看看哪部分知识点会被记得更牢。在考查小测验涉及的知识点时，学生们的平均成绩很高；而在考查那些仅做复习，但未做小测验的知识点时，学生们的分数却很低。

　　有一项研究成果——主动检索可以强化记忆，而考试的过程就是主动检索的过程。考试可以让大脑重新巩固记忆，有效地终止遗忘。考试会导致学生形成固定型思维模式，但考试的确是促成学生有效学习的一项手段。那么，如何解决这个矛盾？再看看美国两名研究人员的实验。

　　这两名研究人员把六年级老师对数学家庭作业的回应方式对照研究，他们给一半的学生作业赋分，其余半数获得评语，但没有评分。结果，获得评语的学生的学习速度是对照组的两倍，男女生之间的学习成绩差距消失了，学生的学习态度也改善了。

美国另一研究者茹丝·巴特勒也把课堂作业拿到分数的学生，和拿到诊断性回应但没分数的学生做了对照研究。结果显示，拿到诊断性评语的学生明显达到更高的程度。她后来加了第三个条件：既给学生分数，也写有评语。结果显示：只得到分数的学生和兼得分数与评语的学生，学业成绩同样差。而明显表现较好的是只获得诊断性评语的学生。

后来又有三名实验者也做了巴特勒的同样研究，再次证明：拿到分数的学生以及同时获得分数与评语的学生，表现与学习动机都不如只得到评语的学生。他们还发现，只要学生认为自己是在为分数努力，他们就会失去学习动机，导致成绩下滑。

在学校考试次数不能少，甚至小测验更应该多一些，但是每次考试仅把它视为学生学习反馈的工具，这样做就善莫大焉。

将每次考试给学生赋分改革为写诊断性反馈，这样导致教师的工作量加大，但是这个问题我们有解决的办法，一定不会影响教师的工作积极性。

勤学还需好问

朋友的儿子考上硕士研究生，表现非常优秀。一日与朋友闲聊，朋友问我："张老师，您说我儿子属于什么思维模式？"

"那就看你儿子的做事风格了。"

"我感觉他勤学，但不好问。我经常叮嘱他，有问题一定要多找导师问。可能是因为这个问题我说多了，后来儿子没有任何反应，总是保持沉默。"他说有一次他又提出同样的话题，儿子控制不住情绪就进行了反驳。

"孩子说什么了？"我饶有兴趣地问。

他说："不能有问题就问导师，应该自己上网或者去图书馆查找资料弄明白。"

"孩子说得对啊，不能以此判断孩子的思维模式。"

"有一次，儿子判断出导师下一步将要引导他们研究的内容，他提前查阅了很多资料。那天导师提问，儿子顺畅地回答出来，导师对儿子赞不绝口，儿子特别高兴。"

"以此判断，你儿子拥有的应该是固定型思维模式。"我由此下了定论。

"为什么？"朋友疑惑地问。

"因为通过你后面所说的事情来判断，你儿子的学习目标是表现目标。学习以表现自己为目标的就应该属于固定型思维模式。你儿子之所以不好问，很可能是担心自己露怯，总是想在别人面前表现得尽善尽美。"

"我儿子的确是一个完美主义者。"朋友紧接着又说，"对了，孩子特别好面子。"

我笑着说："那我的判断就完全正确了。"

"怎么办？这一定会影响孩子未来发展的。"

"这样的思维模式一定会制约孩子的未来发展。但别担心，思维模式是可以改变的。与你儿子分析一下：你事事不问，都是自己解决，并且每件事都会给导师一个完美的答案。这将有两个弊端。一是你自己解决可能会浪费不必要的时间。因为有些问题就如窗纸，一捅就破，没有必要去查大量资料，冥思苦想，应把节省下来的时间用在需要深入研究的地方。二是没有问题的孩子可能会被导师忽略。孔老夫子入太庙，还要事事问一下，这是礼。问导师的过程就是师生相互交流的过程，更应该是情感交流和智慧的碰撞过程，且在这个过程中常常会有在书中学不到的学问。"

"是，我要提示他了。孔老夫子还不耻下问，更何况作为学生的你，向导师请教是一种学习力。"

"《论语》里有 120 个'问'字，学问学问，就是问出来的。告诉孩子不要怕犯错误，成功的人都是犯错误最多的人。人生只走百里路，肯定不如走万里路的人犯的错误多。"

朋友点头称是。最后我向朋友建议，让孩子抽时间读一读卡罗尔·德韦克的《终身成长》一书。

怎样对待失败

　　提到成长型思维模式，人们会想到不怕失败、勇于挑战困难。如果仅限于"不怕"这样的理解，就不能形成稳定的成长型思维模式。因为现代脑科学已经证明"成功才是成功之母"。

　　麻省理工学院的米勒及其同事所做的研究表明，成功的反应可以通过释放多巴胺得到奖赏，接受这种强化后，大脑中因此形成自我激励的化学信号。然而，失败的反应在未来不会获得化学信号的驱动及被纠正。

　　一个人只有经历了比失败更多的成功，驱动力才保持不变；反复的失败会降低多巴胺反应，而多巴胺反应正是维持内在驱动力所必需的。在校园里，如果学生经历的总是学习上的失败，即没有多巴胺的强化，学习活动就不会发生了。很多学生之所以放弃学习，就是因为在学习上失败过多。偶尔的失败是可以克服的，但是反复的失败会让大脑发生改变。"屡败屡战"是成长型思维模式，当多巴胺不存在了，从科学的角度分析，放弃是必然的。

　　但是现实社会确实存在"屡败屡战"的成长型思维模式的人，他们不怕失败吗？世界上没有不厌恶失败的人，但最重要的是如何看待失败。

　　曾经有一个年轻人这样问爱迪生："你如何看待你做了一万次都失败的实验？"爱迪生回答说：我并没有失败一万次，只是成功地发现了一万种行不通的方法。这就是典型的成长型思维思考问题的模式。成长型思维模式的大脑中几乎没有"失败"这个词，"行不通"的都是对"行得通"的有效反馈；"行不通"只是"尚未"行得通，没有停止，一直在前进，坚信终有一天会"行得通"。正是因为这种思维模式没有"失败"的概念，所以失败的体验才不会对他造成影响，也就是多巴胺释放的量不受到影响，内在动力系统才不会受到影响。

基于以上，学校在教育教学中，一是要注重对学生成长型思维模式的培养，让他们深知成长型思维模式的内涵——失败是上升的阶梯以及机会；二是要对于有的学生适当降低教学难度，让他们获得成功；三是要提高学生对学业的专注力，这是获得学业成功的重要元素。这样就可以避免学生进入没有动力的失败循环中。当学生经历了学业上的成功，自然就会促进多巴胺的分泌，从而产生继续学习的动力。

不怕失败，绝非堂吉诃德式的一味盲目向前冲，那样最终会导致彻底失败。

雄安博奥高级中学的"失败周"纪实

"失败是成功之母",这是尽人皆知的一句话。但是在实际学习生活中又有多少人能够坦然地面对失败,释然地理解失败,欣然地去反思失败的原因呢?为使同学们能够从容地面对学习生活中遭遇的各种失败挫折,有效发挥"失败"的成长价值,2020 年 12 月 21 日下午班会时间,博奥高中各班分别组织了"失败周"主题班会活动,并取得了显著的教育效果。

亲近"失败",班会主题新颖、耐人寻味。如 019 班:"失败?不!!!宝藏。"004 班:"屡败屡战,勇往直前!"021 班:"逆境引领坚强,磨难造就伟人。"014 班:"正视失败,我能更好地走向成功!"016 班:"失败不可怕,没有继续的勇气才可怕。"018 班:"向梦想奔跑!正视失败,助力成功!"005 班:"直面挫折!"

品名家成长历程,谈自己"失败"的收获。班会前各班同学都做了充分准备,大家广泛搜集古今中外名家之所以事业有成的资料,联系学习生活实际,静心回顾自己的成长历程。班会中大家踊跃发言,坦诚分享,深挖"失败""挫折"的宝藏。有同学还专门为这次班会制作了 PPT。

如阴天晴同学制作的"林肯的故事"、李秋洁同学制作的"爱迪生的故事"、吴佳璐同学制作的"卧薪尝胆的故事"等,形式活泼,信息量大。

更多同学是讲自己的"失败"故事,从害怕失败、逃避失败到勇敢地应对挑战、收获"失败",取得进步的成长经历。大家调侃说:"跌倒了,要捡点儿东西再爬起来。"

教师指导、点拨,深挖失败根源,预防失败是收获"失败"的上上策。

失败是成功之母，成功是目标所求。感谢失败的目的，是因为失败为我们提供了成功的路径，从失败的反馈中获取成功经验，有效地预防失败才是上策。

在同学分享讨论后，老师们不失时机地引导学生对失败进行了深层次的探索剖析，寻找出失败的根源问题。如004班的周冬老师适时向同学们介绍了"达克效应""习得性无助"等认知心理学原理。

引导学生学习了"失败的归因方法"，明确了归因对行为结果的影响，使同学们进一步感悟到：有反馈的失败才是有价值的失败。成败的因素各有特点，越是努力越是幸运。

感谢失败的价值，共同搜集、总结面对失败的成长型思维话术。班会最后一个环节是师生共同搜集、总结如何面对挑战、挫折、失败的成长型思维话术，巩固对失败的科学认知。如：只有反馈，没有失败；犯错是搭建高层次学习的桥梁；要为成功想办法，不为失败找理由；重复旧的行为，只能得到旧的结果；错误是理解的基石；错误是用来学习的机会；失败是进步过程中的成功；等等。

"失败周"主题班会活动是雄安博奥高中特有的成长型思维系列课程的一个分支，是有效加强学生成长型思维模式培养的重要一环。将成长型思维有效地渗透到学校日常教育教学活动中，让成长型思维模式培养落地生根，是我们激发、调动学生求学上进的动力与能力的重要途径，是赋予学生一生向前奔跑能力的根本保障。为此，我们也期待着携手全国各地同人，共同做出积极有益的研究探索。

失败的泪水去哪了

——"失败周"再现成长亮点

　　著名心理学家马努·卡普尔强调，失败具有"隐藏效力"，"失败驱使学生去深入思考问题的本质，而这样做的价值远远高于只得出正确的答案"。

　　斯坦福大学教授、伦敦国王学院研究员乔·博勒强调："当学生在数学中犯错时，反而会激发学生的大脑活动，而这是他们得出正确答案时不会出现的情况。"

　　成长型思维模式培养理论认为："没有失败，只有反馈。""犯错是学习中有建设性意义的一部分，它不代表失败，而是代表努力。""犯错是搭建高层次学习的桥梁，是通往精通之路的必修课和转折点。""对于采用成长型思维的人来说，犯错的行为尤其会促进大脑的显著成长。"

　　注重成长型思维模式培养是博奥高中的显著特色，以"接受失败，善待失败，发掘失败中的成长价值"为宗旨的"失败周"活动，是博奥高中成长型思维模式培养系列课程的重要组成部分。针对本次一模考试情况，博奥高中九年级及时开启了"失败周"活动。

　　同学们在老师引领下，结合一模考试情况，认真复盘推演了前段时间的学习情况，抓住学习和知识掌握等方面的细节问题，从不同侧面、不同角度，深入发现、挖掘新的成长点。大家群策群力，共同研讨，进一步明确了各自下一步的成长策略和进取思路。尤其难能可贵的是学生在复盘反思中，自然地流露出很多对当代前沿的认知科学研究成果的实践感悟。

　　如在班级研讨交流中，有同学表述如下——

　　一模考试结束后，我对自己有了更加清晰的认识，其中一个大问题就是文综。趁睡前检索的时间，我想了想这个问题。我对材料及问题的理解不深，对书中知识的实际运用不熟练，这才导致对大题的题意把握不准，不清楚出题者的意图（不明白在问什么）。下一步的成长策略是多熟悉课本，将课本中的知识迁移到现实问题中，在"学会"的同时做到"会用"，多见题，多练题，培养自己剖析问题的能力。我相信我不只能做一道，会一道，更能做一道，通一类。

　　　　　　　　　　　　　　　　　　　　　——曹馨蕊

　　在理科学习上，我不能很好地掌握做题技巧……拿到一道题不能很快就想出思维模型……以后要多在构建思维模型上下功夫。

　　　　　　　　　　　　　　　　　　　　　——肖健浩

　　考试时，看见一个貌似复习过的知识点，就不假思索地往上写复习的内容。所以在新一轮复习中……还要兼顾与之相联系的知识点。重温知识点也不要限于一小块，而是不断放大，有意识地训练自己结构化思维的能力。

　　　　　　　　　　　　　　　　　　　　　——孙绍航

　　基础知识没问题，但综合题耗费时间长，也很难做出来。平时练习要多注重综合题的练习。

　　难的阅读要深入语境，不能断章取义。每一科都要有学科思维，文综的发散性思维尤其重要……

　　　　　　　　　　　　　　　　　　　　　——杨伟豪

　　按时复习自己背过的古诗词，并且时常在大脑中自我检测。

　　以后数学试卷要从感觉有思路的难题写起……不会的题先跳过去，利用发散性思维来解决问题。

　　　　　　　　　　　　　　　　　　　　　——张泽轩

从后面有感觉的大题写起时，我发现自己更易于进入心流状态……心里会有意识地认识到这样做可能带来的风险，从而加快大脑思维的活动，使我更加集中精力地去应对每一道题。

——韩姿怡

……

在学生的交流中，"睡前检索""间隔复习""狮子记忆法""思维模型""结构化思维""专注思维""发散思维""知识视觉化""详细阐释""自我解读""自我生成""元认知"等当代学习科学研究领域的术语、概念、观点，都在不经意间吐露出来，形成了本次"失败周"交流活动的一大亮点。

工欲善其事，必先利其器。"让每一个教育行为都具有科技含量"是我在博奥高中特别强调的治学原则。这一治学原则落实到学生自我学习活动中，就是让每一个学习行为都遵循科学的认知规律。这必将成为九年级孩子们目前中考决胜夺魁，未来高考摘星揽月的攻坚利器，成为一生快乐向前奔跑能力的有效支撑。

附记

2020年冬，初来博奥时，我经常在楼道里看到有女同学抱着老师啼哭。"怎么回事？"答："又该考试了，紧张，害怕。""没考好，心里难过。"但不知从什么时候开始，在博奥高中的各年级，这种现象消失了。

在对待考试失误的态度上，同学们普遍能做到拿得起放得下。不纠结于一场考试的得失，不管是会的答错了，还是写答题纸时出了点问题；不管是答题暂时没思路，还是考场时间分配不合理造成前松后紧；等等。同学们都能从容对待，绝不会因此影响情绪，反倒认为是另一种收获。

本次模拟考试第一天下午考文综时，一位小女生因为平时少见这种阵仗，在距考试结束15分钟时才发现，她把答题纸上的两道大题写错了位置，当时我很担心她的情绪受影响，但从后面两科考试观察，好像没什么问题。后来问她当时的感觉，她笑着说："当时确实有点慌，要不要报告老师呢？报告吧，万一有补救办法呢。老师说时间太紧，没什么好办法时，我想就这样吧，有啥算啥，赶紧答下面的题，能多得两分算两分。吃一堑，长一智，以后注意就是了。这次交流让我们寻找本次考试中自己的成长点，我把这事儿也算上了。以后考试，不光要浏览试卷，答题卡也要看一看，看看布局结构。只是给班级总成绩拉了分，有点不好意思。"

成绩只是努力过程的副产品，刻意地去追逐名次，过分在乎考试中的得失，极端功利地去学习，就极有可能对自己的能力产生质疑，产生很多固定型思维的东西。其实，很多学生的心理问题、成长问题，也往往由此引发。

孩子的成长问题，不光是成绩，更重要的是心态、价值观，是科学的成长策略，是对成长型思维模式的构建与力行。

失败的隐藏效力

——感悟雄安博奥高级中学"失败周"主题教育活动

"失败是进步过程中的成功",为帮助学生正确面对学习、生活中的失败与挫折,感悟成长型思维下"失败"的魅力,近日,我校针对月考、期中考广泛开展了"失败周"主题自我教育活动。

心理学家、香港教育学院教授马努·卡普尔强调,失败具有"隐藏效力"。"失败驱使学生去深入思考问题的本质,而这样做的价值远远高于只得出正确的答案。"当今社会,学生心理较为脆弱,因学习压力大、考试失败等原因放弃生命的案例屡见不鲜,因此,教会学生正确面对失败,坦然接受失败,理智利用失败尤为重要。

主题活动中,学生们分享了自己的失败经历,以及在接触成长型思维后,从曾经的害怕失败,逃避失败,到如今勇敢地应对挑战、收获"失败"的心路历程。一个个失败的小故事让学生们明白,人生道路失败常伴,思维方式的不同往往带来不同的结果:固定型思维让我们逃避现实,害怕失败;成长型思维却让我们将错误和失败转化为有价值的学习、成长的机会。

将"我做不到"变成"我暂时还不能做到",将"这太难了"变成"现在对我来说还是一个比较难的问题,但是……",将"我就是 60 分的水平"变成"到目前为止我是 60 分的水平或尚未及格",将"已经够好了"变成"还有提升空间吗?这真的是我最好的表现吗"。语言的重塑会带给学生积极的心理暗示,这正是成长型思维独特的魅力。

主题活动中,老师们适时对学生们的交流分享给予总结和点拨,给出更加专业的建议，如，如何从脑科学的角度看待错误、失败和挫折——失败是刺激的一种形式，"使大脑澄清和矫正已接收的信息，使大脑不断调适和评价原有认知结构，帮助大脑确定开启或关闭，强化或修剪那些神经元"。这让学生明白了"困难和错误能够让人变得更聪明"的道理。

"失败周"主题教育活动使同学们更愿意接受挑战，复原能力也更强了。他们更愿意接受挑战，因为挑战可以帮助自己学习和成长，即使挑战失败也会拿到属于它的价值令自己成长。

"失败周"主题教育活动后，同学们纷纷写下自己的感悟：

> 有些人害怕失败，在他们眼中失败是不幸的，这是因为他们从未真正认识失败。失败是抹了妆的幸福，只有你揭开失败的面纱，成功才会绽放金色的光芒。
>
> ——032 班　肖健浩
>
> 做不了星星，那便先做一盏灯；做不了成功的伟人，那便先做一个有志向的人。人生的成功在于伟大的志向与无所畏惧的尝试。
>
> ——032 班　杨天昊
>
> 感谢失败对我们的锤炼，失败就像一个大熔炉，可以把身上的杂质都熔化掉。只有从失败中学习，我们才能发现自己身上的缺点和不足，从而吸取经验教训，为成功积蓄力量。
>
> ——031 班　辛京倍
>
> 水只有碰到石头才会碰撞出浪花。人只有遇到困难才会获得成长的赠礼。失败永远不是结果，它只是成功的开始。
>
> ——031 班　李博涵

附录：
在刻意练习中培养成长型思维

一所农村初中学校，一个年级 500 多名学生，挑选成绩排在最后的 30 名学生，这些学生基本上是"隐性辍学"的学生，身在教室，心在外。这些学生大多数 1 篇古文也背不过来。进行刻意练习 10 个小时的训练后，这些学生平均能背过 5 篇古文，有的能背过 7 篇，熟读 4 篇古文。最重要的是经过 10 个小时训练之后，他们改变了自己的生命状态——原来我也行。

成长型思维培养：一万小时压缩版训练纪实

人人皆可成尧舜

在《刻意练习》一书中有这样一组数据：在十八岁之前，一般的小提琴手平均练习 3420 小时；优秀的小提琴手平均练习 5301 小时；杰出的小提琴手平均练习 7401 小时。

这个数据充分说明："所有成绩的取得都是付出努力的结果，与天赋无关。"

在教室里存在一个现象：那些基本已经放弃学习的孩子，大都是对自己的学习能力失去了信心，他们认为自己天生就不是学习的材料，什么也学不会了。于是他们"身在曹营心在汉"，成为"隐性辍学"者。还有一些正在努力的孩子，遇到困难后就对自己的能力产生了怀疑，导致缺乏自信，无法获得满意的学习成绩。

"一万小时天才理论"的理念可以理解为"人人皆可成尧舜"。如何把这一理念投放在那些对自己失去信心的学生思维模式中？我们设计了一万小时的压缩版训练计划——十小时训练实践活动。这个活动就是通过短时、集中、大量的刻意练习，让学生体验小成功，从而让他们恢复自信。

一万小时压缩版训练计划

在一所农村中学的一个年级 500 名学生中，在班主任和学科老师的配合下，我们挑选出 30 名学生，这些学生背诵古文特别困难。我们计划利用两天的时间，每个半天利用 2.5 小时，对他们进行背诵古文的刻意训练。

在此之前，我们首先对这些学生进行心理干预。让他们懂得一万小时天才理论的由来，有大成就的人都经过了长期的刻意练习；并且为这些孩子讲脑科学、记忆的原理知识。做好这些铺垫以后，我们就开始对学生进行训练。

这是我们第一次训练。学生来到教室，虽然平日里对学习不感兴趣，但是可能因为被选入这次实验中感觉很新鲜吧，学生的目光中透露着几分欣喜。实验开始后，另一个问题出现，学生表现得非常拘谨。读古文时声音很小，提问时基本没有回应，启而不发。后来想这也应该很正常，毕竟有的学生可能一个学期在班上都不见得回答过问题。

我们利用陈琴歌诀法诵读古文，这声、这调让这些孩子们更羞于开口。老师一句一句耐心地领读，孩子们终于开口了。让他们打着节拍吟诵，这些孩子夹着手臂，用手机械地、轻轻地敲击课桌。还好，节奏感敲击出来了。

经过半天 2.5 个小时的训练，孩子们的声音终于放开了一些，但打节拍的动作依然拘谨。在最后，我提示孩子们动作不要太僵硬，一定要放开，并且示范打节拍的动作，强调打节拍不是手在动，而是整个身体都在运动。我告诉孩子们，生理指挥心理，只有生理上放开，心理才能打开；只有生理与心理全部放开，才能进入身心合一的最佳学习状态。孩子们看着我夸张地示范打节拍的动作，忍不住哈哈大笑起来。我暗暗高兴——从这笑声中能感觉到孩子们放开了。

经过连续两天的训练，在第三天的下午，这些孩子终于完全放开了。面部的表情、打节拍的动作、上台的展示等，都远比昨天进步了许多。吟诵的声调把握得越来越好，记忆的速度也越来越快。

很可惜，昨天担心学生拘谨，没有给孩子们拍照、录像。如果记录下来，在第二天让他们看看昨天的自己，他们一定会开心地笑出声音。让孩子学会自己与自己比的机会错失了。

两天下来，通过 10 个小时的训练，这些学生平均能背 5 篇古文（有的能背 7 篇），熟读 4 篇古文。最重要的是，这些学生的状态，在这两天前后发生了巨大的变化。

"一万小时天才理论"压缩版训练，旨在激发、唤醒学生的自信，但愿这些孩子在以后的学习生活中，始终保持着这两天训练最后的生命状态，他们的未来一定充满希望。

我们这次还设计了体育、音乐、美术等压缩版练习，将会在日后的训练中逐步实施。

雄安有这样一所学校

——河北省雄安博奥高级中学概说

河北雄安博奥高级中学是经河北省教育厅于 2018 年 1 月批准成立的一所"高起点、高品质、高标准"的民办全日制寄宿学校。学校站位于"精品型、特色化、中进高出"的发展战略，以成长型思维模式培养训练为主线，着力打造国内首个成长型思维模式培养训练基地，开发了"成长型思维模式培养通识""认知科学与学习力提升""'失败周'与学生成长型思维试卷分析""学科教学中的成长型思维"等十几项系列成长型思维模式培养课程，取得了颇具影响力、吸引力的特色教育成果。

这是一所探索型学校：能够让"全球对教育最好的研究成果"——成长型思维模式培养，在此落地生根。

这所学校拥有一支由四个梯队组成的高素质教师团队：专家顾问团 + 全国名师和特、高级教师 + 出身国家重点高校的中坚骨干 + 充满"学霸"基因的国家一本院校的本硕高才生。

这所学校的德育：教师全员参与管理的指导教师制与"四陪"（吃、住、学、练）行动相结合的班级导师制。亲情关怀、调动内在动机是其独特教育管理风格。

这所学校的育人思维：更讲究学生在学中做、用中学；更重视以学法体验研究为路径获取超强学习能力；更强调学习主体浓厚学习探索兴趣的养成。

这所学校的育人理念：观察不到学生成长细节的教育是目中无人的教

育；不善于捕捉学生成长细节的教育是缺乏技巧的教育；记忆中不存储学生成长细节的教育是缺少真爱的教育。应密切关注学生成长细节，没有细节的教育是粗糙的、不完美的教育。

这是一所目前已开发出行之有效的成长型思维模式培养系列课程体系的学校，也是全国第一家成长型思维模式培养培训基地学校。

这是一所将中华民族传统文化与人类现代文明相结合，师生文明程度达到较高境界水平的学校：

——全校能够做到"把每一粒米都能吃干净"。

——集体生活能够做到"食不言，寝不语"。

——师生关系能够做到"能者为师，教学相长"。

学校建立起一套以成长型思维模式培养训练为主线，以全面提升师生精神境界、人格修养和终身成长能力为宗旨的学校软实力建设导向图——

校训：行动前与行动后比；自己与自己比；这次与上次比；今天与昨天比。

学校愿景：致力于打造中国基础教育和文化的典范。

价值观：弘毅宽厚、精进求实、修己达人。

办学理念：让每一个教育行为都具有科技含量。

学校使命：培养成长型思维，赋予学生一生向前快乐奔跑的能力。

基于卡罗尔·德韦克教授的成长型思维理论，这所学校明确了自己对教育的基本认知：教育不是百米赛，无须担忧起跑线；教育更像人生马拉松的导航仪、加油站、充电桩，一个重要功能应该是给予学子们人生赛道的方向引领和内驱动力的持续加强。认准方向，永不言弃，智能可塑，终身成长，应该是学校送给孩子们最好的礼物。

基于对教育的基本认知，这所学校又深究了多年来普遍存在于学校教育中的，不可思议又司空见惯、见怪不怪的诸多问题——

为什么越是夸孩子聪明，有些孩子却越畏惧挑战？

为什么越是注重分数，有些孩子的学习成绩却越糟糕？

为什么花了很多精力与财力给孩子补课，成绩还是原地踏步？

为什么有的孩子喜欢待在舒适区中，有的却喜欢不断探索新事物？

为什么孩子小小年纪就对自己失去自信？孩子的自信是怎样丢失的？

如何破解这些成长难题？这所学校提出了一系列行之有效的创新性思路方法和成果性认识。

将成长型思维模式培养贯穿于教育教学活动，始终是破解这些令人困惑不已的难题的基本策略。

系列课程的有效实施可使学生掌握走出成长困境的八种思维品质、九种思维方式。

八种思维品质——

志存高远，勇于行动；

坚韧不屈，积极乐观；

承担责任，善于合作；

不断成长，谦虚谨慎。

九种思维方式——

面对不懂时，学会全方位思考"我忽略了什么"；

想放弃时，转变思考方向"我要尝试别的方法"；

犯了错误时，学会反思"我学会了什么"；

面对失败时，坚信人生没有"失败"，只有反馈；

面对困难时，思考"要多付出时间与精力搞定"；

取得一定成绩时，思考"专精没有天花板"；

看到伙伴成功时，思考"我怎样像他一样"；

面对自己不擅长的领域时，思考"通过刻意练习一定能提高"；

怀疑自己不聪明时，一定想到"大脑如同肌肉，也会成长"。

这八种思维品质、九种思维方式，构成了学生搭建成长型思维模式的基本工具箱。成长型思维模式的建构，使学生的各种能力得到了可持续性地提高和发展。

培养学习力。在学习中学会学习，在成长中学会成长，从而掌握终身学习的策略、方法和能力。

培养自控力、意志力。通过各学科教学、良好学习行为习惯的养成强化训练等，着力培养学生的自控力、意志力。

构建驱动力。给予学生充分自主，利用开展"快递日"等活动，构建学生驱动力体系。

提高自信力。通过一万小时压缩版的十小时短时、集中、大量的刻意练习，提高学生自信力。

培养复原力。每个学期的期中设立"失败周"，来培养学生的复原力。

上述五种能力的培养是形成学生稳定的成长型思维模式实践的基础资源包。

雄安博奥高级中学的一个重要的培养学习目标就是让每一个孩子都拥有成长型思维模式，都拥有变得更好的力量，拥有终身快乐成长的能力。

2021 年 5 月，本文刊载于《教育名家》杂志

为了那份教育的责任

可以说，小时候是听妈妈讲故事长大的，到现在还依稀记得妈妈在灯下为我读那些颜色有些泛黄并且有些破损的线装书。可能是因为每天晚上入睡前缠着妈妈讲故事，"逼"着妈妈不得不读书，幼时的我虽然懵懂无知，但已感知到那书里一定有什么神奇的东西。

爸爸因为工作原因，常年不在家，也许是为了打发寂寞的生活吧，爸爸爱看书，偶尔回家，都会带回他看过的几本书。还记得那时候他带回来的书有《李自成》《说唐》《三国演义》等。等年纪稍大一些，识得了字，这些书就成了我的读物。

在这样的环境熏陶中，我从小不仅喜欢书，而且爱读书。可也正是因为对书的痴爱，我的学业荒废了。《大刀记》《三侠五义》《岳飞传》《小英雄雨来》《雁翎队》等这些书包揽了我的全部生活，我的学习成绩一塌糊涂。还好，读过的书给了我侠客思想，因此我从小喜欢舞拳弄棒，练就一副好身体，加之父母给的很好的遗传基因——身高臂长，我被选入县排球队。后来，学习成绩在运动员中还不算太差的我被特招，幸运地进入了师范学校。

师范三年勉强毕业，因为一是学习基础差，二是业余时间读闲书也"功不可没"。

毕业后，被分配到一所穷乡僻壤的初中学校，我做了体育老师。那里的教学水平很差，升入高一级学校的学生寥寥无几，更不用说升入重点高中了。而那时候农村孩子想改变命运，唯一途径就是考学。

在我参加工作前，妈妈反复说："好好教人家孩子，别让人家在后面戳妈妈脊梁骨！"这么多年了，妈妈的话一直在耳边回响。

学校的体育队里有几棵好苗子，我暗下决心将他们送到高一级学校。我是打排球出身，田径项目"跑、跳、投"对于我这个插入普班学习的师范生来说几乎是一片空白。平日训练学生也没有什么头绪，心里常常感觉不踏实。

我从小就养成凡是进城必去书店的习惯，偶然一次，发现书店里竟然有一本美国人写的有关短跑训练的书，还有一本大概是德国（三十余年了已记不清，后来这些书都遗失了）的厚厚的田径训练的书。我如获至宝，买回来后就如饥似渴地读起来了，而后在训练中采用了"土洋"结合的办法。只能"土洋"结合，因为学校最基本的训练器材都没有。为了训练学生的腿部力量，让一名学生骑上另一名学生肩头，然后扶着校园里的大树做下蹲……就是这样边学边带着学生训练的。

都言"功夫不负有心人"，在这里应该说"功夫不负读书人"吧。参加工作的第一年，我带的运动员在全镇七所学校参加的田径运动会上"勇冠三军"，大出风头。也是在那一年，毕业班的运动员几乎全员被特招到高一级学校。学校低年级运动员看到了希望，于是他们在训练上更加刻苦，与此同时，结合我自身的经历，我时时刻刻提醒他们一定要注重文化课的学习。我的训练经验一点一点丰富起来，训练的效果自然越来越棒，我的队员被送上高一级学校的越来越多，我逐渐成为"牛人"。毋庸置疑，是有关训练的那些书籍帮助了我，成全了我的队员们。

因为我的成绩，我被一所区重点中学的校长看中，要把我调入他们的学校。他们与我所在的当地主管教育的领导商量，当地领导坚决不同意。不知什么原因，也许是出于补偿心理吧，当地领导把我提拔为镇中学政教处主任。

那时候乡村的学校都很乱，尤其是我们这穷乡僻壤，社会青年经常去学校捣乱，学生群殴事件时有发生，师生冲突、家长与教师冲突屡见不鲜。由于从小受书本中侠客思想的影响，做普通老师的时候我就敢于出面解决纠纷、平息事件，做了政教处主任后更是责无旁贷。原本混乱不堪的学校在我的管理下，一下子就清静了。

领导看中了我这份"才能"，不久，又派我去一所乱得难以收拾的学校（当时去的是小稻地中学，后合并到岔河镇中学）做校长。同样的方式，同样的方法，同样的侠肝义胆，学校一下子安稳下来。那一年，学校考取一中的学生人数前所未有，实现了当地教育史上的大突破，我在当地名噪一时。

后来，学校考上高一级学校的学生数出现瓶颈，这令我苦闷不堪。为什么学校越来越清静了，学生越来越"乖"了，学习成绩反而没有明显提高？一时间我困惑不解，甚至想急流勇退。偶然的机会，在北戴河听了一场影响我一生的张向葵女士的讲座，到现在还清楚地记得在讲座中她说："罗杰斯的人本主义受了《论语》的影响。"自此，《论语》就在我心里扎了根，我一下子扎进了《论语》。

培训回来后，就开始了我的《论语》人生。以我的基础，读原文读不懂，就抄原文、抄文本解释；理解不透彻，读完《论语》逐条写感想。我着了魔一样跌进了《论语》里。在反复读诵写的过程中，我感悟到，这么多年来我不是在做"教育"，而是在行"教训"。几年下来，我首先突破了自己，改变了自己，提升了自己，产生了完全蜕变。学校的教学管理、成绩也打破瓶颈。在学校地处偏僻、生源极差的情况下，我们的校园管理井然有序，教学成绩在全区名列前茅。

品尝到读书的甜头，我开始在教师中推广读书活动。为了调动老师的积极性，从读书为己开始，我给老师们推荐了《家有男孩怎么养》《男孩女孩学习大不同》《孩子，把你的手给我》等书籍，老师们读完后，不仅明白自己孩子的教育从哪里入手，而且能有效地迁移到对学生的教育上。随着读书活动的开展，积极心理学之父塞利格曼的"幸福五部曲"、安东尼·罗宾的《唤醒心中的巨人》、李中莹《重塑心灵》等书籍也出现在老师的案头，他们开启了自我成长之路。

老师以读书为乐，校园出现了教育的最高境界——"无为而治"的局面，一派祥和，老师、学生的脸上都洋溢着幸福的笑容。我们的教育、教学明显提高了档次与品位，一时间学校名声在外。这引起了《中国教育报》的关注。2009 年，《中国教育报》以"盐碱地里也能长出好庄稼"为题，为我们学校做了整版报道。当时纸媒还占主流，这篇报道很快在中国教育界刮起"岔河现象"的飓风。全国各地来岔河中学参观交流的老师络绎不绝。

那一年我被《中国教育报》评为年度校长，压力也陡然增大。实事求是地讲，当时老师们读的书并不是太多，有个别老师还未投入其中，于是我为老师们搭建了读书平台——全国聊书会。如果不是"真"读书，很难达到"聊"的水平。全国各地来参观的教育同人，有意参加我们每周三的聊书会，老师们抽签依次上场，我在"逼"老师们读书。

随着一年一度的世界读书日到来，这所偏僻的乡村学校正式举办全国聊书会。全国各地有很多学校纷纷参与进来，或者观摩，或者直接参与聊书。最多的时候，有来自十余省的学校参加这项活动。后来，全国各地学校纷纷邀请我们的老师去示范聊书，再后来，全国各地很多学校也纷纷举办聊书会活动，我们很多老师成为座上宾。这极大地激发了我们老师的读书热情。

读书活动频繁，有些人担心会影响教学，但是这所偏僻的乡村中学的教育教学成绩出现了前所未有的辉煌。在老师们的影响下，学生对书也爱不释手，眼界大开，善于思考，成绩好是自然而然的。2015 年，我有幸被《中国教育报》评为全国推动读书十大人物之一。

我被一个领导赏识，由一个乡镇初级中学校长荣升为教育局副局长并兼任所在区域第一中学校长。这是区里最好的高中学校，对没有上过高中，上学时从没有品尝过学习成绩优秀的滋味的我来说，这是一个多么大的挑战啊！

高中的教学可不比初中轻松啊，甚至是天壤之别。在这里，我看到了原本在小学、初中非常优秀的孩子，上了高中后成绩一落千丈变成"后进生"，失去学习动力；我看到了非常努力，但是成绩却很糟糕而焦虑过度的学生；我看到了有些学生因为学习成绩节节败退，成为抑郁症患者。在区一中这所当地最好的学府，没有人不想有个好成绩，但是因为学不会而导致缺乏胜任感而放弃、而焦虑、痛苦万分的学生比比皆是。

在楼道里，偶遇一个小姑娘正在全身心地背生物题，看她咬牙切齿的样子，我感到很心疼，也很好奇。我询问她背的知识点意思是什么，令人吃惊的是小姑娘竟然摇头说："不知道是什么意思。"随后她补充一句，说："题的答案就是这些。"学习方法有问题，上学期间原本是"学渣"的我为此找来关于学习方法的书。

亲自传授学习方法，给老师与学生开讲座，引导当年上学时的"学霸"、今天的老师参与进来，一年多下来，收获颇丰，当年高考成绩远远打破了原有的纪录。后来我辞职到了远离家乡的另一所高中学校，同样的方法复制，也是用了仅仅一年多的时间，令这所学校高考成绩斐然。

学习成绩是有了，我依然发现学校还有众多刻苦努力并且学习成绩优秀，但是对学校生活极度焦虑的学生。正当百思不得其解的时候，2017年我读到了一本书——卡罗尔·德韦克的《终身成长》，这本书再次改变了我的命运。

我知道是学生思维模式出了问题。从此我就致力于改变学生思维模式的探索，为此终止了近一年的工作，居家全力以赴研究卡罗尔·德韦克的成长型思维。回顾多年来的教育教学经验，结合卡罗尔·德韦克的《终身成长》以及其他有关成长型思维模式的书籍，我开通了自己的公众号，历时一年，一本关于成长型思维模式培养的书稿完成了。

后来我应聘到雄安博奥高级中学，成长型思维模式培养在这里落地生根。教育界目前有一个魔咒："只有分数过不了明天，没有分数过不了今天。"而成长型思维模式的培养恰恰是打破这个两难魔咒最好的教育方式。

当今教育界的"双减"，是为了消除教育环境中的内卷。但是如果不消除"自我卷入"（心理学术语，而人们感觉自我价值依赖于特定结果的过程），内卷就不会消失。"如果一个男人的价值感依赖于工作积累财富，他就自我卷入工作；如果一个女人的价值感依赖于在健身俱乐部赢得比赛，她就自我卷入运动。"同样，如果一个学生的价值感依赖于考第一，那么他就是自我卷入学习活动中。陷入自我卷入不仅会削弱内在的动机，而且使人处理信息时显得僵化，在思考问题时会陷入更肤浅的境地。这何尝不是当今高考制度下学生学习的真实写照？脑子里记下很多知识点，但是所行之事、思考之问题却表现得很肤浅。

成长型思维模式的培养，是消除自我卷入的良方。培养学生的成长型思维模式，最佳的工具就是阅读。

《西游记》中师徒五人历经九九八十一难取得真经，这是成长型思维模式中坚持的力量。

《哈佛前 1% 的秘密》中成功的人屏蔽负面信息的能力，这是成长型思维模式——成长比成绩更重要的理念。

《奇迹男孩》中畸形男孩奥吉在学校生活中实现了涅槃："我就是我，原本就是一个普通的孩子。"这是具备成长型思维模式的人接纳不完美的自己的表现。

《考试脑科学》里科学用脑的方法与技巧，这是具备成长型思维模式应有的能力。

还有很多很多，我一直走在探索培养学生成长型思维模式的路上。因为我深知，这是一个有良知的教育工作者的责任……

后　记

初稿完成至今已两年多的时间，今天再看看最初写的文章突然感觉很幼稚，萌生一种自惭形秽，不想出书的想法。好在，朋友周冬辉先生、杨树山先生一再鼓励，并且周冬辉先生付出很多时间不辞辛苦地对此书进行修改、斧正，最后才得以付梓。

在这里特别感谢恩师陶继新先生再次为我作序。多年来是恩师不断教诲与提携，才使我得以在教育探索的道路上越行越远。

也特别感谢成尚荣先生为本书写了推荐语。成老曾经参与我在一所偏僻的乡村中学举办的聊书会。在那次聊书会上，成老为大家做了一场异常精彩的报告。报告中他结合上午老师们的聊书内容，对教师聊书活动的专业成长价值给予很高的评价和中肯的指导引领。报告中，成老能将老师们所聊的内容大段大段地复述出来，令听者惊叹不已，这给老师们留下极其深刻的印象。在此，再次感恩成老的帮助与支持！

也非常感谢我的好友周再钊先生、常占明先生。此书初稿形成后，他们耗费大量的精力逐词逐句对此书进行校对。

感谢我原来的同事代玉凤女士，自 2020 年以来为我开通了关于成长型思维的微信公众号，她为每一篇文章的设计、发表都付出了心血，使"成长型思维培养"微信公众号得到近万人关注。

感谢雄安博奥高级中学全体师生。正是因为他们的努力，才使本书的内容更加充实、丰富。

感谢家长朋友们。正是有了他们的支持，才使成长型思维模式培养在校园里得以顺利地落地生根。

感谢我的家人。多年来因在教育的道路上全力以赴地追梦，虽然仅仅给了他们稀少的陪伴时光，但是我却得到了家人的充分理解与支持。至今记得参加工作的第一天，老母亲的谆谆教诲："好好教学，别让人家戳妈妈脊梁骨——她儿子在误人子弟！"

最后，我要感谢集团各位领导，特别是感谢集团董事长李艳军先生的信赖，感谢董事长提供给我的极其理想的教育平台，感谢董事长博大的教育情怀和对我全身心致力于教育教学工作的鼎力支持，本书出版也得到他的热情鼓励和大力支持与帮助。